Michael Conway / Mark Ricci

Marilyn Monroe
UND IHRE FILME

Herausgegeben von
JOE HEMBUS

Deutsche Erstveröffentlichung

Goldmann Verlag München

Mit einer Einführung von Mark Harris
Deutsch von Robert Fischer

1. Auflage 11/80 1.–30.Tsd.

Made in Germany
© der Originalausgabe 1964 by Michael Conway und Mark Ricci;
published by arrangement with
Citadel Press, a division of Lyle Stuart, Inc., New York
© der deutschen Ausgabe 1980 by Wilhelm Goldmann Verlag, München
Umschlaggestaltung: Atelier Adolf & Angelika Bachmann, München
Fotos des Innenteiles: Citadel Press, New York, Robert Fischer, München
K. P. Hess, Münster
Satz: type center Filmsatz GmbH, München
Druck: St. Otto Verlag, Bamberg
Verlagsnummer: 10208
Layout: Christa Bandmann · Art-Direction: Josef Schaaf
Lektorat: Petra Hermann. Herstellung: Peter Papenbrok
ISBN 3–442–10208–1

9	Eine amerikanische Frau	86	Monkey Business
20	Marilyn und Hollywood		Liebling, ich werde jünger
27	Die Filme von Marilyn Monroe	92	O. Henry's Full House
28	Scudda Hoo! Scudda Hay!		Vier Perlen
30	Dangerous Years	96	Niagara
	(Gefährliche Jahre)		Niagara
32	Ladies of the Chorus	102	Gentlemen Prefer Blondes
	(Die Damen vom Ballett)		Blondinen bevorzugt
36	Love Happy	108	How to Marry a Millionaire
	Glücklich verliebt		Wie angelt man sich einen Millionär?
40	A Ticket to Tomahawk	113	River of No Return
	(Fahrkarte nach Tomahawk)		Fluß ohne Wiederkehr
44	The Asphalt Jungle	119	There's No Business Like Show Business
	Asphalt-Dschungel		Rhythmus im Blut
48	All About Eve	125	The Seven Year Itch
	Alles über Eva		Das verflixte 7. Jahr
62	The Fireball	131	Bus Stop
	(Feuerball)		Bus Stop
54	Right Cross	137	The Prince and the Showgirl
	(Rechter Haken)		Der Prinz und die Tänzerin
58	Hometown Story	143	Some Like It Hot
	(Eine Geschichte von Daheim)		Manche mögen's heiß
62	As Young as You Feel	149	Let's Make Love
	(So jung wie man sich fühlt)		Machen wir's in Liebe
66	Love Nest	155	The Misfits
	(Liebesnest)		Nicht gesellschaftsfähig
69	Let's Make It Legal	160	Something's Got to Give
	(Machen wir's legal)	163	Chronologie eines Lebens und einer Mythologie
73	Clash by Night		
	Vor dem neuen Tag	177	Discographie
77	We're Not Married		
	Wir sind gar nicht verheiratet		
80	Don't Bother to Knock		
	Versuchung auf 809		

Bei Filmen, die in der Bundesrepublik weder im Kino noch im Fernsehen gezeigt wurden, wird als deutscher Titel eine wörtliche oder sinngemäße Übersetzung des Originaltitels in Klammern angegeben, also etwa so: Fireball (Feuerball). Deutsche Titel, die nicht in Klammern stehen, sind also die deutschen Kino- und/oder Fernseh-Titel.

EINE AMERIKANISCHE FRAU
von Mark Harris

Norma Jean Mortenson, auch bekannt unter dem Namen Norma Jean Baker, wurde am 1. Juni 1926 in oder bei Los Angeles geboren. Die Umstände der Geburt waren ziemlich rätselhaft, und diese Tatsache überschattete nicht nur ihre Kindheit, sondern bedrückte sie auch noch als reife Frau. Von ihrem Vater heißt es verschiedentlich, er sei bei einem Autounfall ums Leben gekommen, wogegen es anderen Angaben zufolge ein Motorradunfall gewesen sein soll. Vermutlich war er Bäcker. Fest steht nur, daß er ihr von Anfang an fehlte. Als Mädchen träumte sie von einem Vater, der aussah wie Clark Gable.

Von ihrer Mutter ist mehr bekannt, allerdings wenig Erfreuliches: Sie war Filmcutterin bei R.K.O. und angeblich sehr hübsch. Wie es in ihrem Inneren aussah, war jedoch eine andere Sache: Man hatte sie betrogen und im Stich gelassen, dann wurde sie Witwe, schnappte schließlich über und ließ nun ihrerseits Norma Jean allein zurück. Von nun an lebte das Mädchen in Waisenhäusern und Pflegefamilien. Norma Jean verlor dabei rasch die Übersicht und konnte deshalb später nur schätzen, daß sie in etwa zwölf Familien gelebt hatte, die in jenen Tagen der Depression jeweils 20 Dollar monatlich vom Staat für ihre Pflege bekamen. Ihr erstes Zuhause war, so erinnerte sie sich, ein »halber Slum, halb auf dem Lande«. Sie wußte sich auszudrücken.

Auf Fotografien aus ihrer Kindheit sieht man sie als fröhliches Mädchen, doch die Bilder täuschen. Sie war gerade zwei Jahre alt, als ein hysterischer Nachbar sie beinahe erstickt hätte, und mit sechs Jahren entging sie knapp einer Vergewaltigung durch einen »Freund des Hauses«. In einer Familie wurden ihr die Verse eingehämmert,

Ich will, Gott hilf, mein ganzes Leben
Den Schnaps nicht kaufen, trinken oder geben.
Auch Tabak werde ich nicht rauchen
Und Gottes Namen nie mißbrauchen,

doch in einer anderen gab man ihr als Spielzeug Whiskeyflaschen.

Mit neun verdiente sie sich im Waisenhaus von Los Angeles ihr erstes Taschengeld: Für Arbeit in der Küche gab es fünf Cent, von denen einer allerdings am Sonntag in den Klingelbeutel wanderte. Von ihrem ersten Gesparten kaufte sie sich ein Band für ihr Haar – sagt die Legende. Sie stotterte, klagte über Geräusche in ihrem Kopf und spielte mit Selbstmordgedanken.

Während des Krieges, als sie sechzehn war, arbeitete sie in einer Flugzeugfabrik der Luftwaffe, und dort fotografierte sie ein Publicity-Mann der Army, der der Ansicht war, daß die Verbreitung ihres Fotos in der kämpfenden Truppe eine aufmunternde Wirkung haben müßte. Tatsächlich wurde sie von einer Einheit auch gleich »Miss Flammenwerfer« getauft, Soldaten in den Aleuten wählten sie zum Mädchen, das am ehesten Alaska auftauen könnte, und die Siebente Sanitäter-Division kürte sie zu dem Mädchen, das man am liebsten untersuchen würde.

Dann heiratete sie, vermutlich, um zu verhindern, daß man sie wieder in ein Waisenhaus steckte. Sie nannte ihn Daddy, und er nannte sie Baby. Eine Zeitlang lebten sie bei seinen Eltern, später in »einer kleinen Klappbett-Wohnung«. Es war eine Ehe, die ihr, wie sie später sagte, weder Glück noch Pein brachte; es war lediglich die Phase einer Ruhe ohne Ziel. Ihr Mann trat seinen Wehrdienst an, sie arbeitete als Fotomodell.

Als sie im Oktober 1946 geschieden wurden, hatten ihr Gesicht und ihre Figur bereits mehrere Magazin-Titelseiten geziert und waren unter anderem auch der 20th Century-Fox aufgefallen, die sie einen Jahresvertrag mit 125 Dollar die Woche unterzeichnen ließ und ihren Namen in Marilyn Monroe änderte. Ein Kameramann sagte: »Ihre natürliche Schönheit, verbunden mit ihrem Minderwertigkeitskomplex, verleiht ihr ein geheimnisvolles Aussehen.«

Sie war gerade zwanzig, und in ihrer Jugend und relativen Unerfahrenheit mußte sie glauben, daß sie dabei war, den Weg nach oben, zum Erfolg, zu beschreiten. Der Blick in den Spiegel sagte ihr, daß sie blendend aussah, und ihre bisherige Lebensgeschichte zeigte ihr, daß sie gescheit war und sich zu helfen wußte: denn, hatte sie nicht bislang sowohl Alleinsein und Armut als auch eine fehlgelaufene Ehe heil überstanden? Außerdem

sagte sie sich, indem sie Aussehen und Intelligenz zusammen betrachtete, daß sie eigentlich das Zeug für eine Schauspielerin haben müßte. So besuchte sie den Schauspielunterricht in Hollywoods *Actors Lab*, nahm nebenher noch Literaturkurse an der Universität von Los Angeles und lebte sparsam und bescheiden. Später sollte sie einmal in einem Film mit dem Titel *How to Marry a Millionaire* spielen, doch in ihrem wirklichen Leben ließen Millionäre sie kalt. »Um es einmal offen zu sagen: Ich habe nie jemanden auf der Tasche gelegen. Ich habe mich immer selbst versorgt. Ich bin von jeher stolz auf die Tatsache gewesen, daß ich selbständig war.« Sie nannte zweihundert Bücher ihr eigen (Schweitzer, Tolstoi, Emerson, Whitman, Rilke, Milton, Lincoln Steffens und Arthur Miller) und Schallplatten mit Beethoven und Jelly Roll Morton.

Besonders rückblickend ist unschwer zu erkennen, daß sie etwas Besonderes war, obgleich sie für 20th Century-Fox, die sehr vielen jungen Damen 125 Dollar die Woche zahlte, lediglich eine Blondine in einer Welt aus lauter Blondinen war, in der selbst eine besondere Blondine von Zeit zu Zeit nichts Besonderes war. Nach einem Jahr, als kein einsichtiger Grund bestand, ihn zu erneuern, ließ das Studio den Vertrag auslaufen.

Sie arbeitete immer noch als Fotomodell. Einmal posierte sie nackt und anonym auf rotem Samt einem Fotografen namens Tom Kelley, der später stolz darauf war, daß, wie immer man das Bild auch drehte, seine Komposition makellos symmetrisch blieb. Die Aufnahme kam in einen Aktfoto-Kalender und brachte ihm neunhundert Dollar von einem Druckerei-Inhaber ein, der massenhaft davon in Friseurläden, Tankstellen, Schiffskajüten und Kasernen – also überall in der Welt, wo Männer ihre Zeit verbringen – absetzte und damit eine dreiviertel Million Dollar verdiente. Einige Jahre später, als ihr Studio befürchtete, daß die Existenz dieses Kalenders ihrer Karriere Schaden zufügen könnte, weigerte sie sich, sich davon zu distanzieren. »Na klar, das habe ich gemacht! Schließlich hatte ich Hunger!« Als Kind hatte sie immer wieder einen Traum, in dem sie in einer Kirche nackt über die am Boden liegenden Körper ihrer Freunde, Nachbarn und Pflegeeltern stelzte »und dabei aufpaßte, auf niemanden zu treten«.

Im Jahre 1950 spielte sie – teils in einem lässigen Pyjama – eine kleine Rolle in einem Film mit dem Titel *The Asphalt Jungle.* Der Regisseur, John Huston, hatte sie vorspielen lassen. »Ich weiß noch, daß sie sehr nervös war«, erinnert sich Huston. »Aber sie wußte, was sie wollte. Sie bestand darauf, auf dem Boden liegend ihre Rolle vorzutragen. Sie war nicht zufrieden mit sich und bat darum, es noch einmal probieren zu dürfen. Dabei hatte sie die Rolle schon nach dem ersten Versuch in der Tasche . . .« Joseph Mankiewicz sah sie in *The Asphalt Jungle* und wollte sie für seinen Film *All About Eve,* und Zanuck, der sie in *All About Eve* sah, holte sie zur 20th Century-Fox zurück, diesmal mit einem Siebenjahresvertrag und einer Anfangsgage von fünfhundert Dollar die Woche.

Derartig viel Geld verschafft Ansehen. Aber es war noch nicht das Geld eines Stars, und Hollywood lebt vor allem von Stars – von Namen und Gesichtern, die es fertigbringen, das Publikum trotz der Kraft konkurrierender Attraktionen wie Fernsehen, Bowling, Motorsport oder Bettruhe auf magische Weise in die Filmtheater zu locken. Noch war Miss Monroe kein Star.

Natürlich sollte sie schon bald einer werden, und sie hat damals, mit fünfundzwanzig Jahren und fünfhundert Dollar die Woche, wohl sicher geglaubt, daß die Entscheidungen und Entschlüsse in ihrem Leben bislang eher richtig als falsch gewesen waren. So gut wie alles, was sie sich bisher angeeignet hatte, und alles, was sie je erfahren, gesehen oder gehört hatte, muß ihr die amerikanische Devise eingeschärft haben, »je mehr, desto höher« – Erfolg. Und selbst wenn sie dies bezweifelt hätte, an stillen Abenden mit Schweitzer oder Tolstoi (sie machte sich nicht viel aus nächtlichen Vergnügungen und legte keinen Wert darauf, gesehen zu werden), wer in Hollywood hätte ihrer Skepsis schon beipflichten und sie darin bestärken können, wer hätte deren Implikationen mit ihr gemeinsam ergründen oder sie oder sonst jemanden davon überzeugen können, daß sich der Tod schon früh und selbst in der fraglos heiteren Form eines Films mit dem aufmunternden Titel *Don't Bother to Knock* ankündigen könnte, der in New York in der ersten Woche trotz schlechten Kino-Wetters und schlechter Kritiken 26000 Dollar einspielte?

Die Filme *Niagara* und *Gentlemen Prefer Blondes* ließen nicht lange auf sich warten. Im ersten sah man sie als Silhouette unter der Dusche, im zweiten tanzte sie in burlesker Manier, wobei die eindeutig zweideutigen Bewegungen die Zensur passierten, die zwar Nacktheit verbot, nicht aber das, was interessierten Leuten als grundlegendes Ausgangsmaterial für ihre eigenen Phantasien dienen mochte. (Die amerikanische Kultur, schreibt Isaac Rosenfeld, »ist in bezug auf den Sex widersprüchlich: Sie stachelt die Leute durch endlose Stimulation an, hält aber gleichzeitig an konventionellen und moralischen Zwängen und Tabus fest.«)

Man hatte für Marilyn Monroe eine Formel gefunden. Von nun an hielt man sie an, dieser Formel entsprechend zu spielen, so lange sich dies als profitabel erwies. Allein schon die Titel der Filme, in denen sie in den frühen fünfziger Jahren mitwirkte, verdeutlichen die Grenzen dieser Formel – *Ladies of the Chorus, Love Happy, Let's Make it Legal, Love Nest.*

1954 war sie dann ein Star. In diesem Jahr machte sie *The Seven Year Itch* und nahm nach Abschluß der Dreharbeiten an einem Empfang zu ihren Ehren teil. Sie erschien mit einer Stunde Verspätung, in einem roten Chiffon-Kleid, das sie sich vom Studio ausgeliehen hatte. Sie hatte angeblich nie ein Abendkleid besessen. Bei dieser Gelegenheit begegnete sie zum ersten Mal Clark Gable, den sich das vaterlose Kind früher als Vater erträumt hatte. Sie war jetzt achtundzwanzig, und sie tanzte in seinen Armen.

Was hat 20th Century-Fox mit einem kleinen Mädchen in einem geliehenen blauen Pullover zu tun?

In West Los Angeles, als Norma Jean zwölf Jahre alt war, ging sie eines Tages in einem geliehenen blauen Pullover zur Schule. Die Jungs aus ihrer Klasse »fingen plötzlich an zu schreien und zu stöhnen und warfen sich auf den Boden«. Nach der Schule kamen sie zu ihr nach Hause. »Zum ersten Mal in meinem Leben hatte ich Freunde. Ich betete, daß ich sie niemals verlieren würde.« Aber eine noch wirksamere Methode, sie zu behalten, war, noch einmal den blauen Pullover anzuziehen. Das prägte sich ihr ein.

Marilyn Monroe und 20th Century-Fox hatten eine Formel für das Glück gefunden. Für einige Jahre war man sehr glücklich zusammen. In einem für Hollywood sehr kritischen Jahrzehnt war sie eine Antwort auf die für die Filmindustrie entscheidende Frage: Was zieht? Man hatte sogar aufgegeben, so zu tun, als sei Film Kunst oder auch nur eine ernstzunehmende Sache. Hieß die Frage früher: »Wer liest ein amerikanisches Buch?«, so hätte man nun fragen können: »Wer geht in einen amerikanischen Film?«. Seine Hauptfunktion war zur ausschließlichen Funktion geworden – der Geschmack des Endverbrauchers mußte um jeden Preis respektiert werden. Was Hollywood nützt, nützt auch den USA. Profit und Demokratie sind eben miteinander verwandt.

In den ersten Jahren lernt man, eine Formel für das Glück zu finden. Was tun wir aber, wenn das, was wir geworden sind, uns anekelt und mit Selbstverachtung erfüllt?

Der Verlauf von Marilyn Monroes Karriere verdankt seinen ersten Aufschwung der bekannten Vorliebe der meisten Männer, sich Pin-up-Fotos an die Wand zu hängen, um diese in Ruhe betrachten zu

können. Man könnte durchaus die Behauptung aufstellen, daß Miss Monroe Ende 1951 an mehr Wänden hing als jede andere amerikanische Frau; 20th Century-Fox, so wird berichtet, erhielt bald »mehrere tausend Briefe pro Monat«, in denen ihr Foto angefordert wurde.

Warum Marilyn Monroe? Nur wenige ihrer Bewunderer hatten sie bisher in einem ihrer Filme gesehen, und die meisten kannten noch nicht einmal ihren Namen. Warum nicht eine andere der hundert oder tausend jungen Damen, die es geschafft hatten, auf dem Titelblatt einer Illustrierten abgebildet zu werden?

Als erstes wäre man versucht, hinter einem derartig irrationalen Phänomen eine ausgeklügelte Publicity zu vermuten. Aber nein, was auch immer dahintersteckte, es steckte in Miss Monroe. Es gehörte ihr. Es kam aus ihr heraus. Es war spürbar. Es war ebenso unnachahmlich wie der Syrup von Coca-Cola. Und gerade ihre Namenlosigkeit könnte der größte Reiz gewesen sein.

War dies nicht die unkomplizierteste und reinste und harmloseste Beziehung, die der Großteil ihrer Bewunderer je erlebt hatte? Sie verkörperte nicht nur den vollkommenen Sex, sondern war auch noch absolut stumm. Solange sie nur ein Bild an der Wand war, konnte sie ihren Partner weder überlisten noch hereinlegen; während sie, wie die Papierpuppe in dem Lied, stets wartete, konnte sie nie gestohlen werden. Ein Verhältnis mit ihr erforderte daher keinerlei Anstrengung, war ohne Probleme oder Verpflichtungen und völlig unkompliziert. Vor allem aber erfüllte sie auch die Bedingung für die allergrößte egoistische Lust, indem sie keinen Anteil an der Lust verlangte, keinen Tausch, keine Zusammenarbeit, keine Gegenseitigkeit.

In dem Film *The Seven Year Itch* wurde das Pin-up lebendig. Marilyn Monroe verkörperte »das Mädchen« aus dem ersten Stock, das der unter ihm wohnende Tom Ewell mehr oder weniger zu verführen hofft, während seine Frau nicht zu

Hause ist. Aber er wagt es irgendwie doch nicht oder kann nicht oder will nicht. Wie die amerikanischen Mannsbilder, die in Tankstellen oder Kombüsen die Pin-ups beäugeln, ist er außerstande, einer lebendigen, überdurchschnittlichen Schönheit mit einigem Anstand zu begegnen. Eine derartige Beziehung würde ihn zwingen, sie voll als Mensch anzuerkennen, d. h. nicht nur an ihre mit dem Maßband zu erfassenden Dimensionen (möglichst papierdünn, sicherheitshalber!) zu glauben, sondern auch an ihre intellektuellen und geistigen Dimensionen.

Als der Erfolg ihrer Formel sie zu langweilen begann, verlieh Marilyn Monroe mehr und mehr ihrem Wunsche Ausdruck, eine Schauspielerin zu werden und damit weitere Seiten ihrer Weiblichkeit einzusetzen. Dieser Wunsch wurde allgemein als amüsant, aber unpraktisch betrachtet. Das Magazin *Life* nannte ihre Ambition »irrational«, und *Time* meinte, daß »ihr schauspielerisches Talent höchstens einen unbedeutenden Bruchteil« ihrer wahren Vorzüge ausmachen könne – »ihr feuchter, animierender Blick . . . feuchte, halb geschlossene Augen und feuchter, halbgeöffneter Mund«. Die Journalisten, die unmöglich an andere Motivationen glauben konnten als an ihre eigenen – der Glaube an Ruhm und Kassenerfolge und was den einfachsten allgemeinen Erwartungen an Frauen entspricht –, waren nicht in der Lage, sich vorzustellen, was Miss Monroe für sich mehr hätte wünschen können. Entsprach sie nicht schließlich *ihrer* Vorstellung von einer Frau? »Wissen Sie«, sagte der Bühnenautor Arthur Miller, ihr dritter Ehemann, »Journalisten kommen immer mit einer vorgefaßten Meinung daher. Sie können gar nicht anders. Sie haben nie die Zeit oder Gelegenheit, sich lange genug mit einer Sache zu beschäftigen, um sich für irgend etwas zu entscheiden. Mit der Zeit ist ihre vorgefaßte Meinung der einfachste Ausweg.«

Die eigentliche Gefahr liegt in der Denkweise, die sich hier verrät. Wenn man es ihm lange genug einredet, glaubt der Unschuldige schließlich selbst an seine Schuld, so wie Marilyn Monroe dazu gebracht wurde, an ihr beschränktes Talent zu glauben, und wie es mit Frauen im allgemeinen vielleicht geschieht. Natürlich sagen wir leichthin: »Es ist mir egal, was andere denken«, aber selbstverständlich ist es uns nicht egal. Als sie 1954 Joe DiMaggio heiratete, mußte sie sich einem öffentlichen Image ihrerselbst unterworfen haben, das inzwischen stärker war als ihre private Überzeugung. Sein Leben war sein Körper, seine Kraft war seine Kraft. Sie muß an diese Ehe geglaubt haben, da sie zu ihrem Bild zu passen schien. Nach einem Jahr wurde die Scheidung ausgesprochen. Sie war keine Mrs. Joe DiMaggio. Das wußte sie nun. Auch nicht »das Mädchen aus dem ersten Stock«. Oder ein Pin-up-Girl. Zu diesem Zeitpunkt in ihrem Leben, sagte ein Freund, unternahm sie »einen völlig verzweifelten Versuch herauszufinden, was sie war und was sie wollte«.

Eine Sache, die sie nicht wollte, war der 20th Century-Fox-Film *How to be Very Very Popular*. Marilyn Monroe verkündete die bevorstehende Gründung einer unabhängigen Produktionsfirma mit dem Namen Marilyn Monroe Productions Inc. und machte sich davon. Mehr Geld? Mag sein. Aber sie war dabei gewesen, »in Hollywood zu ertrinken« (wie Eli Wallach es formulierte), und sie war entschlossen, sagte er, den Rest ihres Lebens nicht damit zu verbringen, »nur mit ihrem Hintern zu wackeln«.

»Ich will mich weiterentwickeln«, sagte Miss Monroe, »mich auf anderen Gebieten versuchen und meinen Horizont erweitern. . . . Jeder Mensch hat so etwas wie einen Horizont, den er erweitern kann, wissen Sie.« Aus dieser Zeit datiert auch ein Ausspruch von ihr, der ihr später noch oft vorgehalten wurde. Sie sagte: »Ich will starke, dramatische Rollen spielen, etwa die Gruschenka.« An diesen Vorsatz erinnerte man sie häufig voller Hohn, als würden ihre Erfahrungen, die sie als verwahrlostes Kind und Königin unter den Bauern und Strolchen von Süd-Kalifornien gesammelt hatte, von vornherein ausschließen, daß sie eine Figur Dostojewskis verkörpern könnte.

Hollywood nahm sie nicht ernst; man lachte sie aus. Regisseur Billy Wilder reduzierte ihre neue Hoffnung zynisch auf den alten Nenner und sagte, es wäre ihm eine Freude, nicht nur *Die Brüder Karamasow* mit ihr zu drehen, sondern gleich eine ganze Serie von *Karamasow*-Fortsetzungen, wie etwa *Die Brüder Karamasow treffen Abbott und Costello* etc. Wilder war nicht ihrer Meinung, daß sie Schauspielunterricht bräuchte, sondern faßte flugs in Worte, was auch die Ansicht des kommerziell denkenden Hollywood und des Pin up-liebenden Amerika war: »Gott gab ihr alles. Von dem Tag an, an dem ein Fotograf zum ersten Mal ein Bild von ihr machte, war sie ein Genie.« Ihre Brötchengeber drückten es ein wenig formeller aus: »20th Century-Fox«, sagte 20th Century-Fox, »ist sowohl mit den künstlerischen als auch mit den finanziellen Ergebnissen der Filme, in denen Miss Monroe bisher auftrat, sehr zufrieden.«

Ein Jahr lang führte sie in New York so etwas wie ein Privatleben. Sie nahm Schauspielunterricht bei Lee und Paula Strasberg im *Actors Studio*. Ich sage »Unterricht«, was Lehrer signalisiert, doch nehme ich an, daß die Strasbergs vornehmlich als Ratgeber, Beifallspender und Psychologen fungierten, deren Vorträge vermutlich weniger instruktiven Charakter als vielmehr die Funktion eines Vertrauensbeweises besaßen. Jeder, der schon einmal als Lehrer vor Erwachsenen gestanden hat, kennt aus eigener Erfahrung die Frau um die Dreißig, die sich bewußt wird, daß sie nun kennt, was es zu kennen gibt, die aber eine äußere Stimme braucht, die die innere bestätigt. »Zum ersten Male hatte ich das Gefühl, daß ich akzeptiert wurde, und zwar nicht als Freak, sondern als ich selbst.« Man lobte ihre schauspielerischen Fähigkeiten, und ihr Gesundheitszustand besserte sich. Ihrem

Freundeskreis gehörte nun auch Arthur Miller an.

Millers Innenleben hatte mit ihrem gemeinsam, daß es die Presse verblüffte. Die Ehe zwischen Miller und Miss Monroe wurde von einem Reporter als »die unpassendste Verbindung seit der Eule und dem Kätzchen« beschrieben – das gewohnte Beharren in der Sprache des amerikanischen Unglaubens auf der vermeintlichen Unvereinbarkeit zwischen Intelligenz und Schönheit, Liebe und Geist, Fleisch und Gefühl. Weil sie keinen passenden Schleier zu ihrem beigen Hochzeitskleid besaß, färbte sie sich einen, indem sie ihn in Kaffee tauchte. Der Bräutigam besaß, obwohl er reich genug war, lediglich zwei Anzüge – »den, in dem er geheiratet hat«, sagte die Braut, »und den anderen«. Miller gab sich für die Fotoreporter absichtlich keine Mühe, da diese offenbar erwarteten, daß ein Mann, der mit Marilyn Monroe verheiratet ist, diese pausenlos in den Armen halten müsse. Er beantwortete auch nie die Frage, die von den besessenen Reportern am häufigsten gestellt wurde: »Was trägt Marilyn im Bett?« Auf die Rückseite eines Hochzeitsfotos schrieb die Braut: »Hoffnung, Hoffnung, Hoffnung.«

Er sprach von ihr immer als Schauspielerin und als Mensch; als intelligente Person, niemals als Freak. Von ihrem Spiel sagte er: »Ich hielt sie schon für eine ernsthafte Schauspielerin, noch ehe ich sie persönlich kannte. Ich glaube, sie ist eine fähige Komödiantin, aber ich bin auch der Meinung, daß aus ihr einmal die größte Tragödin werden könnte, die man sich vorstellen kann.« Seine eigenen harten Arbeitsgewohnheiten versetzten ihn in die Lage, in bestimmten Momenten ihren Unmut zu teilen, wenn andere sie lediglich für launisch hielten. »In einem ganzen Film«, sagte er, »gibt es manchmal nur ein oder zwei Szenen, auf die sie wirklich stolz ist. Sie nimmt die Schauspielerei sehr ernst, so ernst sogar, daß etwas in ihr sich jedesmal für den Unterschied schämt zwischen dem, was sie erreicht hat, und

dem Ziel, das sie sich gesteckt hatte.«

Das war eine noble Taktik und eine vernünftige Loyalität, nur kamen sie zu spät. Bemerkenswert ist auch, daß Miller zur Zeit ihrer Ehe in einem Disput mit dem Kommitee zur Aufdeckung unamerikanischer Aktivitäten verwickelt war, in dem es um die Frage der Loyalität ging – er weigerte sich, Namen von Leuten zu nennen, mit denen er früher politisch zusammengearbeitet hatte. »Das einzig wirkliche Territorium, das es noch gibt«, sagte er in einem anderen Zusammenhang, »ist die zwischenmenschliche Beziehung. Eigentlich hat es nie ein anderes Territorium gegeben ...«

Miller sagte einmal: »Marilyn fühlt sich mit allem, was lebt, engstens verbunden, doch in ihre außergewöhnliche Liebe zum Leben mischt sich auch tiefe Traurigkeit.« Dieses Bild von ihr verarbeitete er zu einer Kurzgeschichte, *Please Don't Kill Anybody*, in der einem Mädchen »von atemberaubender Gestalt« die Fische leid tun, die sterbend im Sand eines Strandes liegen. Sie möchte sie wieder zurückwerfen. Ihr weniger entsetzter Begleiter – ihr Ehemann – macht sie darauf aufmerksam, daß der gesamte fünfundzwanzig Meilen lange Strand übersät ist mit sterbenden Fischen. »Er bückte sich nicht, sie aufzulesen, denn sie schien bereit, sie zu opfern, und er ging zu ihr zurück und fühlte irgendwie, daß sie, wenn er diese zwei im Sande sterben ließe, diese Art von Vergeudung verstehen lernen könnte.« Einmal, während ihrer ersten Ehe, hatte sie versucht, eine Kuh ins Haus zu holen, weil es draußen regnete. Als Roslyn in dem von Miller geschriebenen Film *The Misfits* wird sie gegen das Schlachten von Pferden protestieren.

Im Herbst 1956 fuhren die Millers nach England, wo Marilyn *The Prince and the Showgirl* mit Laurence Olivier drehte – noch eine »unpassende« Verbindung, wie dasselbe Magazin (*Life*) verkündete und dabei dasselbe Wort gebrauchte, mit dem es ihre Heirat mit Miller beschrieben hatte. Die britischen Zeitungsreporter wollten von ihr wissen, was sie denn im Bett trüge.

Als der Film dann gedreht wurde, ging es nicht ganz ohne Spannungen zwischen den Hauptdarstellern ab. Nach Abschluß der Dreharbeiten entschuldigte sich Miss Monroe bei ihren Darstellerkollegen dafür, daß sie »so biestig« war, und schrieb: »Ich hoffe, Sie alle werden mir verzeihen. Ich konnte nichts dafür. Während der gesamten Drehzeit habe ich mich sehr schlecht gefühlt. Bitte, bitte, nehmen Sie es mir nicht übel.« Es gab Kommentatoren, die einen solchen Brief, geschrieben von einer so reichen und berühmten Dame, die mit einem Prominenten verheiratet war und so wenig einsichtige Gründe hatte, sich schlecht zu fühlen, für weinerliches Gejammer hielten.

Zwei Fehlgeburten und gynäkologische Eingriffe während der darauffolgenden Monate überzeugten da wahrscheinlich eher. Außerdem kamen noch zwei Filme – die turbulente Komödie *Some Like it Hot* und *Let's Make Love* mit Yves Montand. Dieser verlieh seiner Bewunderung für ihr »berufliches Gewissen« Ausdruck, was allerdings von den Gerüchten überwuchert wurde, die beiden hätten sich ineinander verliebt.

In Nevada begann sie im Sommer 1960 mit *The Misfits*. Es sollte ihr letzter Film werden. Auch für Clark Gable war es der letzte Film. Im September mußte man aufgrund ihrer Erschöpfung eine Zwangspause einlegen, doch die Arbeit ging schon bald weiter und war rasch abgeschlossen. Inzwischen von Miller geschieden, ließ sie sich im darauffolgenden Februar in eine New Yorker Klinik einweisen, um zur Ruhe zu kommen und sich einer psychiatrischen Behandlung zu unterziehen. Vierzehn Monate später begann sie mit der Arbeit an einem Film mit dem Titel *Something's Got to Give*, erschien jedoch nur sporadisch am Drehort, und so kam man mit dem Drehplan in Teufels Küche. »Sie sei krank, behauptete sie«, laut *Life*. »Sie hielt ihren Vertrag nicht ein, sagte 20th Century-Fox. ... Fox pfiff das

Spiel ab. Der Star wurde gefeuert und auf 750000 Dollar verklagt ...« Dem Schauspieler- und Aufnahmeteam hatte sie eine Nachricht gekabelt, die an ihre Zeilen an die Mannschaft von *The Prince and the Showgirl* vor sechs Jahren erinnerte: »Bitte, glauben Sie mir, das habe ich nicht gewollt ... Ich hatte mich so darauf gefreut, mit Ihnen zu arbeiten.« Vier Monate später fand man sie tot in ihrem Bett.

Was immer es auch war, das sein Gift in ihr wirken ließ – drei gescheiterte Ehen, zwei Fehlgeburten, der fehlende Vater, eine geisteskranke Mutter, eine schwere Kindheit, die sensationsgierige Presse oder Ergebnisse der psychiatrischen Untersuchung –, ihr mangelnder Glaube an sich selbst war eine offenkundige Tatsache und spielte in dieser Hinsicht vermutlich die größte Rolle. Sie war so wenig von ihren Fähigkeiten überzeugt, daß es ihr gleichfalls unmöglich war, an Millers Vertrauen in sie zu glauben. Wer war Arthur Miller schon, daß er mehr wissen konnte als das, was die ganze Welt wußte? »Wissen Sie, Journalisten ...«, sagte Arthur Miller. »Mit der Zeit ist ihre vorgefaßte Meinung der einfachste Ausweg, und Marilyns Fall hat gezeigt, daß es auch der Auflage nicht schadet. Und sie bearbeiten sie so lange, bis ihre Erfindungen Wirklichkeit werden. Und dann ist es schon unmöglich geworden, sich irgend etwas anderes vorzustellen.«

In den ersten Berichten über Marilyn Monroes Tod hieß es, sie sei nackt gestorben, spätere Berichte korrigierten die ersten, und endlich wußte die lechzende Welt, wie sich Marilyn Monroe zur Nacht kleidete. Aber ob ihr wenigstens jetzt jemand glauben würde? »Das darf nicht wahr sein«, schluchzte ein Hollywood-Agent, »sie kann sich nicht umgebracht haben, wo sie doch drei Verträge in Aussicht hatte!«

MARILYN UND HOLLYWOOD

von Michael Conway

Der Krieg war vorbei, es herrschte wieder Frieden, und Marilyn Monroe bekam einen Vertrag mit Twentieth Century-Fox. Das war im Jahre 1946. Marilyn war jung, hübsch und voller Hoffnung, aber leider war sie nun einmal eine unter vielen, die als Schauspieler unter Vertrag standen.

Zu dieser Zeit war Betty Grable die Glamour-Königin der Fox. Während des Krieges war sie Hollywoods Lieblings-Pin-up gewesen, und jetzt war sie mit Filmen wie *Mother Wore Thights* auf der Höhe ihrer Popularität und galt als Amerikas Symbol für gesunden Sex. Sie besaß jene seltene Mischung aus Sex-Appeal und Mädchen-von-nebenan-Ausstrahlung, die nur wenige andere Schauspielerinnen auf der Leinwand erreichten. Auch Marilyn Monroes Image sollte anders aussehen. Das Publikum hatte sich soeben nach einem langen und bitteren Krieg an die Ruhe des Alltags gewöhnt und war noch nicht bereit für eine »blonde Sexbombe« von der Art Marilyns. Ebensowenig war anscheinend Twentieth Century-Fox für sie bereit. Nachdem sie in einem Film der Schere zum Opfer gefallen war und in einem anderen nur eine kleine Rolle gespielt hatte, ließ das Studio sie wieder fallen.

Marilyn wurde von Columbia für die zweite weibliche Hauptrolle in *Ladies of the Chorus*, einem recht zahmen Film um ein paar Tingeltangel-Mädchen, verpflichtet. Solche Filme mußten im Jahre 1948 zwangsläufig zahm sein, um von den Filmtheatern überhaupt akzeptiert zu werden. Marilyn schaffte es aber trotzdem, während ihrer Musical-Nummer die Leinwand mit ihrem einzigartigen Sex-Appeal zu erfüllen. Jene Fähigkeit, puren Sex mit Unschuld kombiniert auszustrahlen, was für Marilyns Weg zum Star ihre wichtigste Eigenschaft war, ist in diesem Film bereits deutlich zu erkennen.

Als auch Columbia sie nach diesem einen Auftritt in einem ihrer Filme fallenließ, hätte Marilyn ihren Versuch, den großen Sprung zu schaffen, vielleicht aufgeben können, doch ihre Entschlossenheit geriet nicht ins Wanken. Die Aussichten waren mager. Es gab zwar viele Rollenangebote für »Blondinen«, aber auch viele Blondinen, unter denen ausgewählt werden konnte. Schließlich jedoch gelang es Marilyn, solche Rollen zu bekommen. Die Marx Brothers engagierten sie für einen Auftritt in *Love Happy*, der übrigens für diese drei Komiker der letzte Film war, in dem sie gemeinsam auftraten. In *Ticket to Tomahawk* war sie dann zwar in mehreren Szenen zu sehen, doch war dies keine Sprechrolle. Allerdings offenbarte dieser letzte Film, daß aus dem hübschen Mädchen allmählich eine schöne Frau wurde.

Dann, um 1950, zwang das Fernsehen, der Erzfeind der Kinoleinwand, die Filmstudios, ihr System radikal umzustellen. Das Unterhaltungsangebot des Pantoffelkinos hatte schließlich zur Folge, daß die großen Studios Filme mit geringen Etats aus ihrer Produktionsplanung strichen. Abgesehen davon, daß viele dieser kleinen Filme von beachtlicher Qualität gewesen waren, hatten die Studios durch sie auch die Möglichkeit gehabt, das Publikum mit vielversprechenden Talenten bekannt zu machen. Als diese Art von Filmen nicht mehr produziert wurde, hörten die Studios damit auf, viele junge Leute unter Vertrag zu nehmen. Lediglich diejenigen mit der größten Ausstrahlung konnten darauf hoffen, daß aus ihnen irgendwann einmal so etwas wie ein Star wurde.

Die Studios begannen nun, realistischere Filme zu produzieren, »reife« Filme, wie man sie nannte (eine häufig falsch gebrauchte Bezeichnung). Nichtsdestoweniger war es eben so ein Film, mit dem Marilyn Monroe zum ersten Male auf sich aufmerksam machte. *The Asphalt Jungle*, Regie John Huston, war ein düsterer, harter, schonungsloser Film; er verlangte Darsteller, die sich völlig der Handlung unterordneten und von denen niemand als Star herausgestellt werden konnte. Marilyn hielt sich an diese Regel und lieferte eine ausgezeichnete Leistung, ohne dabei Louis Calhern, der in jeder Szene mit ihr auftrat, in die Ecke zu drängen. Die Kritiker stellten sie zwar nicht besonders heraus, vergaßen aber zumindest nicht, sie zu erwähnen. Und auch das Publikum wurde zum ersten Mal auf sie aufmerksam. Es ist durchaus möglich, daß sie niemals zu Starruhm gekommen wäre, wenn sie nicht in diesem Film mitgewirkt hätte.

Eine weitere Chance bot sich Marilyn, als Darryl F. Zanuck sie für eine kleine, aber anspruchsvolle Rolle in *All About Eve* verpflichtete. Die geschliffenen Dialoge aus der Feder von Joseph L. Mankiewicz, der bei diesem Film auch Regie führte, gaben ihr die Möglichkeit zu zeigen, daß sie anders geartete Rollen ebensogut meistern konnte wie die des schicken Liebchens in *Asphalt Jungle*.

Die nächsten Rollen, die Marilyn spielte, rangierten von größeren Parts in *The Fireball* und *Hometown Story* bis zu einem kurzen Auftritt in *Right Cross*. Sie war kein Star, bekam aber Arbeit.

Fox überlegte es sich noch einmal und gab ihr aufgrund ihrer Leistung in *All About Eve* einen neuen Vertrag. Das Studio sah es ganz realistisch und machte sich Gedanken über Marilyns schauspielerische Fähigkeiten. Mit Nebenrollen war sie bisher ganz gut fertig geworden, aber man konnte nicht sicher sein, ob sie auch die Anforderungen einer Hauptrolle erfüllen würde. Einen großen Teil des Kinopublikums hatte das Fernsehen geschluckt, und ein Film mit Marilyn gleich in einer Hauptrolle hätte eventuell ein finanzielles Desaster bedeutet. Deshalb verschaffte ihr das Studio solche Rollen, in denen man sie gut vorzeigen konnte, aber die nicht so groß waren, daß mit ihr der Film stand oder fiel. Es waren die »Blondinen«, auf die sie sich so gut verstand. *As Young As You Feel*, *Love Nest* und *Let's Make it Legal* hießen ihre ersten drei Filme unter dem neuen Vertrag. In den Kritiken dieser Filme zollte man dem Starlet die Beachtung, die es verdient hatte. Es waren vielleicht nur eine oder zwei Zeilen, aber zumindest wurde es nicht ignoriert.

Bosley Crowther, der Filmkritiker der *New York Times*, schrieb in seiner Besprechung von *As Young As You Feel*, Marilyn sei in ihrer Rolle als Sekretärin superb. Mr. Crowther gebrauchte dieses Adjektiv bei der Beurteilung von Marilyns späteren Leistungen nicht sehr häufig. Ebenso wie andere Kritiker verteilte er abwechselnd Lob und Tadel. Marilyn brauchte diese Art der Kritik, ob ihr das nun gefiel oder nicht.

Nur auf diese Weise konnte sie ihre Entwicklung als Schauspielerin ermessen.

Fox lieh sie Wald-Krasna für *Clash by Night* aus, der von RKO Radio verliehen wurde. Erst die Publikumsreaktion auf ihre Leistung in diesem Film führte der Fox richtig vor Augen, was sie sich mit Marilyn Monroe an Land gezogen hatte. Sie spielte Seite an Seite mit drei erfahrenen Profis und meisterte ihre Aufgabe großartig.

Unterdessen änderten sich die gesellschaftlichen Normen, und eine größere Freizügigkeit in bezug auf Sex setzte sich durch. Marilyn wurde zur Sex-Göttin dieser neuen Ära und gab der Filmindustrie, die sich der Konkurrenz des Fernsehens zu stellen hatte, den dringend nötigen Aufschwung. Seit Jahren hatte es keine Leinwandpersönlichkeit mit einer derartig großen Fan-Gemeinde gegeben.

Nach einer Rolle in der erfrischend frechen Komödie *We're Not Married* gab die Fox Marilyn einen schwierigen, dramatischen Part in *Don't Bother to Knock,* in dem sie einen geistesgestörten Babysitter zu spielen hatte. Zieht man in Betracht, daß sie mit dieser Art von Rollen noch keinerlei Erfahrung hatte, war ihre Leistung eigentlich nicht schlecht. Der Großteil der negativen Kritiken monierte die abwesende Verträumtheit in ihrer Darstellung. Da das neurotische Mädchen aber in einer Fantasiewelt lebt, könnte man anführen, daß dieser Zug in der Figur begründet liegt.

Marilyns nächster Film, *Monkey Business,* drehte sich um einen Mann, der durch eine chemische Mixtur immer jünger wird. Fox merkte, daß Marilyns Stärke die Komödie war und sie für eine weitere Rolle wie die in *Don't Bother to Knock* wohl noch nicht bereit war. Außerdem liebte das Publikum sie in komischen Rollen.

Trotz der vielen Witze über die ungelesenen Bücher, die sie hortete, wurde aus Marilyn eine Komödiantin ersten Ranges. Es gab viele Blondinen, die versuchten, ihre Art zu imitieren. Keiner von ihnen gelang es. Anscheinend las sie doch ein paar der Bücher.

Ihre Rolle in *O. Henry's Full House* war zwar klein, aber mittlerweile war es schon so, daß ein Film an der Kasse automatisch erfolgreicher war, wenn Marilyn mitwirkte.

Fox wurde es nun klar, daß sich der heißeste Artikel von Hollywood in ihren Händen befand. Die Zuschauer konnten von Marilyn nicht genug bekommen. In *Niagara* bekamen sie dann Marilyn (und die Niagara-Fälle) in ihrer ersten Hauptrolle zu sehen. Und wenn nun einer glaubte, jemandem beim Gehen zuzusehen, sei die langweiligste Sache der Welt, so mußte sich der eines besseren belehren lassen. Marilyns langer Spaziergang in einem enganliegenden roten Kleid offenbarte eindeutig den Charakter der Frau, die sie zu verkörpern hatte. Sie verleiht dieser skrupellosen Ehefrau soviel Bosheit, daß sich das Publikum nahezu freut, wenn ihr Mann, den sie in den Wahnsinn treiben wollte, sie ermordet.

Nach *Niagara* war es eine unbestreitbare Tatsache, daß Marilyn nie mehr irgend etwas anderes sein würde als ein Star. In ihrem nächsten Film, *Gentlemen Prefer Blondes,* spielte sie zusammen mit Jane Russell, der Glamour-Königin von RKO Radio, die Hauptrolle. Sie haben sich zweifellos bei diesem Film angefreundet, denn man sieht, daß sie in vollkommener Harmonie zusammengearbeitet haben. Diese Art des Zusammenspiels könnte selbst der beste Regisseur nicht erwirken. Als der Film zum ersten Mal vom Fernsehen ausgestrahlt wurde, erzählte Miss Russell mit großer Wärme von Marilyn. Obwohl sie beide als Sex-Symbole galten, besaß jede von ihnen eine stärkere Persönlichkeit, als von der Leinwand herüberkommt. Es ist gefährlich, wenn man das Symbol mit der wirklichen Person verwechselt. Das mag einer der Gründe für die Tragödie gewesen sein, die sich fast zehn Jahre später abspielte.

How to Marry a Millionaire kam kurz nach *Gentlemen Prefer Blondes* in die Kinos.

Diesmal führte Marilyn zusammen mit dem größten Glamour-Star der Fox, Betty Grable, die Besetzung an. Betty muß gewußt haben, daß das Studio dabei war, Marilyn zu seinem neuen Top-Star zu machen, doch kein Zeitungsbericht von den Dreharbeiten zu diesem Film enthält irgendeinen Hinweis auf Feindseligkeiten zwischen den beiden Schauspielerinnen. Sie schienen sogar gute Freunde gewesen zu sein. Der Film war ebenso erfolgreich wie seine beiden Vorgänger. Marilyn beherrschte eben komische Rollen und deren verschiedenen Nuancen.

Es sieht so aus, als sei es eine Pflichtübung für jeden Hollywood-Star gewesen, einmal in einem Western mitzuspielen. Marilyn machte da keine Ausnahme, und ihr Western hieß *River of No Return*. Abgesehen von einer Saloon-Sequenz trägt Marilyn Blue Jeans und sieht in diesen Hosen attraktiver aus als so manche der üppig kostümierten Heldinnen, die für dieses Genre typisch sind.

Marilyn hatte bereits in *Gentlemen Prefer Blondes* bewiesen, daß sie eine gute Song-Interpretin war. Für ihre Rolle in dem Revue-Film *There's No Business Like Show Business* gab man ihr drei Musiktitel. Daraus bestand ihre Hauptleistung in diesem Film, und sie entschloß sich, die Lieder auf ihre Weise vorzutragen. Besonders ein Song, *Heat Wave*, stieß auf Kritik. Ihre Interpretation spaltete die Kritiker zwar in zwei Lager, doch die Verrisse waren so scharf wie nie zuvor. Warum Marilyn ihre Nummern auf so sinnliche Weise zu singen pflegte, ist schon Gegenstand so mancher Spekulation gewesen.

Marilyns Ehe mit dem Baseball-Star Joe DiMaggio zerbrach während der Aufnahmen zu ihrem nächsten Film, *The Seven Year Itch*. Viele glauben, ihre Darstellung des Mädchens in diesem Film entspräche der Wirklichkeit, da sie eine ziemlich naive Blondine daraus machte. Darüber läßt sich aber streiten. Für mich zum Beispiel war es ziemlich offensichtlich, daß sie sich die ganze Zeit haargenau darüber im klaren ist, was es mit der Figur, die Tom Ewell spielt, auf sich hat. Das Mädchen – so wie Marilyn es sah und verkörperte – erkennt, daß Sherman sich gerade in einer Art Krise befindet. Dies wird am Ende des Films durch den schwesterlichen Kuß unterstrichen, den es ihm gibt, bevor er seiner Frau entgegeneilt.

In *Bus Stop*, dem nächsten Vehikel des Stars, brachte Marilyn die beste Leistung ihrer gesamten Karriere. Kim Stanley, eine hervorragende Schauspielerin, hatte die Rolle der Cherie am Broadway gespielt. Jeder war nun gespannt darauf, wie Marilyn die Rolle angehen würde, die beste, die sie je auf der Leinwand hatte. Ob es nun Joshua Logans Verdienst war, ob es auf ihr Studium im *Actors Studio* zurückzuführen ist oder ganz einfach auf das Talent, das in ihr steckte – ihre Leistung in *Bus Stop* zeigte, daß sie mit Bravour eine Rolle spielen konnte, die Können und Feingefühl verlangte.

Wenn nun irgend jemand den Namen Marilyn erwähnte, galt es als selbstverständlich, daß er die Monroe meinte. Sie hatte dem Wort »Kino« zu einer Zeit, da die Leute im allgemeinen mehr dem noch jungen Medium Fernsehen zusprachen, eine neue Bedeutung verliehen. Unterdessen versuchte sie, ihr Leinwand-Image zu erneuern. Ihre Rebellion gegen die Rollen, auf die sie nun festgelegt war, äußerte sich in ihrem Wunsch, die Gruschenka in *Die Brüder Karamasow* zu spielen. Gruschenka ist in der Tat eine faszinierende Figur (nur wenige würden dies bestreiten), die sich allerdings nicht ganz einfach für den Film bearbeiten läßt. Jedenfalls zeugt dieser freimütig bekannte Wunsch von der veränderten Haltung des Stars in bezug auf seine Arbeit.

Auch Hollywood veränderte sich, und zwar in noch größerem Maße als zu Beginn der fünfziger Jahre. Das Fernsehen und die steigenden Produktionskosten hatten dazu geführt, daß die Studios RKO Radio und Republic ihre Produktion einstellten. Die großen Studios finanzierten nun unabhängige Produzenten, die ihrerseits ihre Filme durch das finanzierende

Studio verleihen ließen. Es war offensichtlich, daß der unabhängige Produzent dabei war, zur wichtigsten Person zu werden. Marilyn gründete eine eigene Firma und erwarb die Rechte zu *The Sleeping Prince* von Terence Rattigan. Für Produzenten oder Regisseure war das Risiko bei der Gründung einer eigenen Gesellschaft nicht so groß wie für Schauspieler. Aber Marilyn war ein so sicherer Kassenmagnet, daß sie glaubte, ihre Firma müsse einfach florieren. *The Sleeping Prince* wurde umgetitelt in *The Prince and the Showgirl* und entstand in England unter der Regie von Laurence Olivier, der gleichzeitig auch die männliche Hauptrolle übernahm. Olivier war klug genug, Marilyn in ihren gemeinsamen Szenen nicht an die Wand zu spielen.

Marilyn war nun mit Arthur Miller, dem Bühnenautor, verheiratet. Mag sein, daß sie sich jetzt in zu vielen Rollen versuchte. Star, Ehegattin, Geschäftsfrau. Anscheinend verschwand mit der Zeit auch ihre anfängliche Begeisterung, eine eigene Filmgesellschaft zu besitzen.

Regisseur Billy Wilder überredete Marilyn, in seiner Komödie *Some Like it Hot* mitzuspielen. Es handelt sich um eine recht delikate Art von Komödie, in der Männer in Frauenkleider schlüpfen. Wenn auch eine grelle Farce, verriet der Film doch besten Geschmack, und sein Thema brachte keine Probleme. Obwohl auch Marilyn ihren Teil dazugab, gehörte der Film doch letztlich Jack Lemmon und Tony Curtis. Er wurde zu einem der erfolgreichsten und profitabelsten Filme, die je gemacht wurden.

Man sagte, daß Marilyn sich während ihrer letzten Jahre ihrer Macht bewußt war und daß ihr Verhalten gegenüber den Leuten, mit denen sie zusammenarbeitete, so manchen Disput verursachte. Gut möglich, daß sie ein glücklicher Mensch gewesen wäre, wenn sie sich auch weiterhin auf Blondinen-Rollen festgelegt hätte. Sie hatte schon immer den Motiven der Menschen mißtraut. Die Erinnerung an eine harte Kindheit verfolgte sie noch immer, und der Weg zum Star war nicht leicht gewesen. Allerdings ist es nicht leicht, in einem Star einen Verlierer zu sehen, und so glaubten viele, sie würde einfach die Vorrechte ihrer Position mißbrauchen.

Marilyn kehrte zur Fox zurück und wirkte in der unterhaltsamen Komödie *Let's Make Love* mit. Es sollte ihr letzter Film für dieses Studio werden. Ihr nächstes Vehikel war Arthur Millers *The Misfits*, in dem sie neben Clark Gable die Hauptrolle spielte. Für beide war es der letzte Film. *The Misfits* bewies noch einmal, daß Marilyn es verstand, auch eine dramatische Rolle bravourös zu meistern. Es liegt sogar auf der Hand, daß sie sich ohne weiteres mit ernsten Rollen eine neue Karriere hätte aufbauen können.

Was es nun letztlich war, das diese traurige Frau beunruhigte, kann auch der Verfasser dieser Zeilen nicht sagen. Alles passierte jetzt sehr schnell. Kurz nachdem ihre Ehe mit Miller gescheitert war, verpflichtete die Fox sie für einen neuen Film, *Something's Got to Give*, zu dessen Dreharbeiten sie jedoch so unregelmäßig und selten erschien, daß es dem Studio lediglich gelang, Szenen von ein paar Minuten Dauer mit ihr zu drehen. Schließlich wurde sie gefeuert, und das Studio verkündete, man würde den Film mit jemand anderem beenden.

Am 5. August 1962 wurde Marilyn in ihrem Haus in Brentwood, Kalifornien, tot aufgefunden. Todesursache: eine Überdosis von Barbituraten – und vielleicht zu viel Erfolg und zu wenig Glück.

Was Filme so einzigartig macht, ist die Tatsache, daß sie die Zeit überdauern. So lange es noch Filmprojektoren geben wird, werden künftige Generationen in der Lage sein, eine brillante Künstlerin zu bewundern, die sich in ihrem Privatleben von einem unglücklichen Mädchen zu einer unglücklichen Frau entwickelt hatte; ein Mädchen, das wirklich ein amerikanisches Phänomen war.

DIE FILME VON MARILYN MONROE

SCUDDA HOO! SCUDDA HAY!

Robert Karnes, Colleen Townsend und Marilyn Monroe

Regie F. Hugh Herbert. *Drehbuch* F. Hugh Herbert, nach einem Roman von George Agnew Chamberlain. *Kamera* (Technicolor) Ernest Palmer. *Musik* Cyril Mockridge, dirigiert von Lionel Newman. *Kostüme* Bonnie Cashin. *Darsteller* June Haver (Rad McGill), Lon MacCallister (Snug Dominy), Walter Brennan (Tony Maule), Anne Revere (Judith Dominy), Natalie Wood (Bean McGill), Robert Karnes (Stretch Dominy), Henry Hull (Milt Dominy), Tom Tully (Roarer McGill), Lee MacGregor (Ches), Geraldine Wall (Mrs. McGill), Ken Christy (Sheriff Bursom), Tom Moore (Richter Stillwell), Matt McHugh (Jim), Charles Wagenheim (Barbier), Herbert Heywood (Dugan), Edward Gargan (Ted), Guy Beach (Elmer), G. Pat Collins (Malone), Charles Woolf (Jeff), Eugene Jackson (Stallbursche), Colleen Townsend und Marilyn Monroe (zwei Freundinnen). *Produktion* 20th Century-Fox (Walter Morosco), 95 Minuten, 1948. *Alternativer Titel* Summer Lightning.

Nachdem Marilyn Monroe ihren ersten Vertrag mit Twentieth Century-Fox bekommen hatte, gab man ihr in diesem Film die winzige Rolle eines Farmermädchens. Die Hauptrollen spielten June Haver und Lon McCallister. McCallister ist ein Farmerjunge, der mit Erfolg zwei Maultiere zähmt, mit denen niemand fertig wurde; June Haver verliebt sich in ihn.

Da der Film in Technicolor gedreht wurde, hätte man darin sicherlich Marilyns jugendliche Schönheit bewundern können – wenn ihre Szenen nicht während des Schnitts der Schere zum Opfer gefallen wären. Obwohl er eigentlich nicht als einer ihrer Filme betrachtet werden dürfte, gehört das Szenenfoto daraus, auf dem Marilyn zu sehen ist, unbedingt in ein Buch über ihre Filme. Wer den Film sieht, sollte bei der Szene, in der ein paar junge Leute in einem See baden, aufpassen: Betrachtet man den See, so sieht man weit draußen zwei Mädchen in einem Kanu rudern. Es handelt sich um Marilyn und Colleen Townsend, doch ihre Gesichter sind nicht zu erkennen.

Dangerous Years
(Gefährliche Jahre)

William Halop und Marilyn Monroe

Regie Arthur Pierson. *Drehbuch und Story* Arnold Belgard. *Kamera* Benjamin Kline. *Musik* Rudy Schrager. *Schnitt* Frank Balridge. *Darsteller* William Halop (Danny Jones), Ann E. Todd (Doris Martin), Scotty Beckett (Willy Miller), Jerome Cowan (Weston), Richard Gaines (Staatsanwalt Burns), Donald Curits (Jeff Carter), Darryl Hickman (Leo Emerson), Marilyn Monroe (Eve, eine Kellnerin), Anabel Shaw, Harry Shannon, Dickie Moore, Harry Harvey jr., Gil Stratton jr., Joseph Vitale, Nana Bryant, *Produktion* 20th Century-Fox (Sol M. Wurtzel). 63 Minuten. 1948.

Marilyn Monroe und Partner

Jeff Carter hat erreicht, daß die Jugendkriminalität in seiner Stadt zurückgeht. Jungen aus einem Club haben ihm dabei geholfen. Doch eines Tages betritt ein junger Gangster namens Danny Jones die Szene und freundet sich mit den Teenagern an. Doris Martin, Willy Miller, Leo Emerson und andere geraten unter seinen Einfluß. (Marilyn Monroe spielt Eve, Kellnerin in einem Musikschuppen, dem Treffpunkt der Teenager.)

Leo weigert sich, bei einem Raubüberfall mitzumachen, den Danny plant, und erzählt Carter davon. Als Carter Danny davon abhalten will, wird er von Danny getötet. Danny wird verhaftet und vor Gericht gestellt.

Bei der Verhandlung beschreibt Dannys Anwalt Weston, wie Danny in einem Waisenhaus aufwuchs. Auch Connie, die Tochter des Staatsanwaltes Burns, ist in diesem Waisenhaus gewesen. Es stellt sich nämlich heraus, daß Connie nach der Trennung ihrer Eltern geboren und später in das Heim gesteckt worden ist. Eine Pflegerin erzählte Burns, daß sein Kind in dem Waisenhaus sei, und er holte Connie zu sich, um sie zu Hause aufzuziehen. Vorher hatte er von der Existenz des Kindes nichts geahnt.

Als die Pflegerin sieht, daß Danny vor Gericht steht, läßt sie ihn wissen, daß er in Wirklichkeit Burns' Sohn ist. Sie gesteht, daß sie Connie als Burns' Tochter ausgegeben hatte, weil Connie sehr krank war und sie hoffte, Burns werde helfen, das Kind wieder gesund werden zu lassen, wenn er es für sein eigenes hielt. Danny verpflichtet die Kinderschwester zu absolutem Stillschweigen.

Danny wird verurteilt und kommt ins Gefängnis, wohin er sein Geheimnis mitnimmt.

Marilyns erster Filmauftritt war zwar nur eine Nebenrolle, doch der Anfang war gemacht. Fox sollte allerdings ihren Vertrag auslaufen lassen, noch ehe sich ihr eine größere Chance bot. Der Film war von Sol M. Wurtzel, der alle seine Filme durch die Fox verleihen ließ, unabhängig produziert worden. »Einige der Ursachen der Jugendkriminalität sowie einige der Maßnahmen der Erwachsenen, sie zu bekämpfen, werden hier in einem von Arthur Pierson eindringlich inszenierten Melodram auf interessante Weise beleuchtet. ... Ein paar überraschende Wendungen sind in den Handlungsverlauf eingebaut, um dem Film eine größere Wirkung zu verleihen« (William A. Weaver, *Motion Picture Herald*).

Ladies of the Chorus
(Die Damen vom Ballett)

Marilyn, die fünfte, Adele Jergens die sechste von links und Partnerinnen

Marilyn Monroe, Adele Jergens, Marjorie Moshelle und Partner

Regie Phil Karlson. *Drehbuch* Harry Sauber und Joseph Carole. *Story* Harry Sauber. *Kamera* Frank Redman. *Musikalische Leitung* Mischa Bakaleinikoff. *Musiküberwachung* Fred Karger. *Lieder* Allan Roberts und Lester Lee, Buck Ram. *Schnitt* Richard Fantl. *Kostüme* Jean-Louis. *Choreographie* Jack Boyle. *Regieassistenz* Carter DeHaven. *Darsteller* Adele Jergens (May Martin), Marilyn Monroe (Peggy Martin), Rand Brooks (Randy Carroll), Nana Bryant (Mrs. Carroll), Eddie Garr (Billy Mackay), Steven Geray (Salisbury), Bill Edwards (Alan Wakefield), Marjorie Hoshelle (Bubbles La Rue), Frank Scannell (Joe), Dave Barry (Ripple), Alan Barry (Ripple jr.), Myron Healey (Tom Lawson), Robert Clarke (Peter Winthrop), Gladys Blake (Blumenverkäuferin), Emmett Vogan (Arzt). *Produktion* Columbia (Harry A. Romm). 61 Minuten. 1948.

May Martin, früher einmal ein Revue-Star, tanzt jetzt zusammen mit ihrer Tochter Peggy in der gleichen Ballett-Truppe. Als sich May mit Bubbles La Rue, einer Solotänzerin, verkracht, steigt Bubbles aus der Show aus, und Peggy springt für sie ein. Peggy macht Karriere.

Als sich Peggy in den reichen und jungen Randy Carroll verliebt, befürchtet May, daß es ihr ebenso ergehen wird wie ihr in einer Ehe mit einem Mann von Stand und Ansehen. Sie ist davon überzeugt, daß Randys Mutter der Beziehung nicht zustimmen wird.

Ohne von Peggys Hintergrund zu wissen, arrangiert Randys Mutter eine Verlobungsparty für die beiden jungen Leute. Während des Festes erkennt der Bandleader Peggy und enthüllt ohne Absicht, wer sie ist. Peggy, die fest annimmt, daß ihr Traum von der Hochzeit nun vorbei ist, bricht fast zusammen. Doch Randys Mutter reagiert auf unerwartete Weise. Da sie von der Aufrichtigkeit der Liebe Peggys überzeugt ist, erfindet sie zur Überraschung ihrer Gäste für sich eine »bislang geheimgehaltene« Vergangenheit im Showgeschäft. Peggy kann aufatmen,

Marilyn Monroe und Rand Brooks

und das Gerede ist im Keim erstickt. Dem Glück von Peggy und Randy steht nichts mehr im Wege. May, die nun beruhigt ist und sich keine Sorgen mehr um die Zukunft ihrer Tochter zu machen braucht, beschließt, ihren alten Verehrer Billy Makkay zu heiraten, der in der Show als Komiker auftritt.

Marilyns Leistung in ihrem zweiten Film sollte eigentlich ein Studio ermutigt haben, sie unter Vertrag zu nehmen, aber dies war nicht der Fall. Die meisten Studios beschäftigten bereits ein Top-Glamour-Girl und wollten vermutlich mit einer Unbekannten kein Risiko eingehen. Fox hatte sie fallen gelassen, und dies war ihr einziger Film für Columbia. Und doch waren die Voraussetzungen für eine Karriere schon gegeben. Obwohl noch jung und unerfahren als Schauspielerin, hatte Marilyn schon damals Qualitäten aufzuweisen, die mit ihrem unbestreitbar guten Aussehen nichts zu tun hatten. Sie verstand es, lediglich durch einen Blick oder eine Geste aufregend zu wirken. Sie sang in diesem Film zwei Lieder, *Every Baby*

Marilyn Monroe und Rand Brooks

Needs a Da Da Daddy und *Anyone Can Tell I Love You* von Allan Roberts und Lester Lee. Der erste Song ist 1952 auch noch in einem anderen Columbia-Film, *Okinawa*, zu hören. »Einer der Vorzüge dieses Films ist Miss Monroes Gesang. Sie ist hübsch und zeigt – mit ihrer angenehmen Stimme und ebensolcher Ausstrahlung – vielversprechendes Talent« (Tibor Krekes, *Motion Picture Herald*).

Marilyn Monroe (sechste von links) und Partnerinnen

Marilyn Monroe und Groucho Marx

Harpo Marx und Ilona Massey

Regie David Miller. *Drehbuch* Frank Tashlin und Mac Benoff. *Story* Harpo Marx. *Kamera* William C. Mellor. *Musik* Ann Ronell. *Musikalische Leitung* Paul Smith. *Bauten* Gabriel Scognamillo. *Schnitt* Basil Wrangell und Al Joseph. *Darsteller* Harpo Marx (Harpo), Chico Marx (Faustino the Great), Groucho Marx (Sam Grunion), Vera-Ellen (Maggie Phillips), Ilona Massey (Madame Egilichi), Marion Hutton (Bunny Dolan), Raymond Burr (Alphonse Zoto), Bruce Gordon (Hannibal Zoto), Melville Cooper (Throckmorton), Leon Belasco (Mr. Lyons), Paul Valentine (Mike Johnson), Eric Blore (Mackinaw), Marilyn Monroe (Grunions Klientin). *Produktion* Mary Pickford/United Artists (Lester Cowan). 85 Minuten. 1949.

Detektiv Sam Grunion schildert einen seiner Fälle: das Verschwinden der Romanoff-Diamanten.

Madame Egilichi und ihre Bande, die aus den beiden Zoto-Brüdern Alphonse und Hannibal und aus Throckmorton besteht, haben die Diamanten in einer besonders gekennzeichneten Sardinenbüchse in die Vereinigten Staaten geschmuggelt.

Eine Schauspielertruppe, die gerade versucht, eine Revue auf die Beine zu stellen, wird in den Fall verwickelt. Mike Johnson, zugleich Manager und Tänzer der Gruppe, gehört dazu, und auch Maggie Phillips, die Solotänzerin, die er liebt. Außerdem sind dabei: Faustino the Great und die Sängerin Bunny Dolan. Sie benutzen ein leerstehendes Theater für ihre Probenarbeit, und Harpo, ein Stummer, versorgt die Mannschaft: Er stiehlt Lebensmittel, damit sie nicht verhungern.

Natürlich stiehlt er auch ausgerechnet die Sardinenbüchse mit den Diamanten. Madame Egilichi verfolgt die Spur der Büchse bis in das Theater und versucht mit allen Mitteln, wieder in ihren Besitz zu kommen. Schließlich bleibt ihr nichts anderes übrig, als Geldgeber der Show zu werden.

Am Abend der Premiere wird die Büchse entdeckt. Harpo packt sie, und die

Marilyn Monroe und Groucho Marx

Chico Marx und Marion Hutton

Gangster verfolgen ihn bis auf das Dach, wo eine wilde Jagd entbrennt, bei der Harpo sich andauernd zwischen riesigen, aufblinkenden Neonlichtern versteckt.

Grunion, der ebenfalls hinter den Diamanten her ist, betritt das Theater. Eine hinreißend aussehende Blondine kommt auf ihn zu und bittet ihn um Hilfe: »Ich werde ständig von irgendwelchen Männern verfolgt.«

Grunion steigt auf das Dach und sieht sich Madame Egilichi gegenüber, die eine Pistole auf ihn richtet. Harpo verschwindet auf Nimmerwiedersehen mit der Sardinenbüchse.

Die Show wird ein Erfolg, und Grunion beschließt seine Erzählung mit den Worten, Madame Egilichi sei heute seine Frau.

Marilyns dritte Filmrolle beschränkt sich auf einen einzigen kurzen Auftritt. Ihr kurzer Dialog mit Groucho ist ein hübsches Beispiel für die Art der Marx Brothers, mit einer bizarren Szene, die nichts mit der eigentlichen Handlung des Films zu tun hat, das Publikum zum Lachen zu bringen. »Die Marx Brothers sind wieder los und verwandeln die Leinwand in ein Schlachtfeld der Komik. *Love Happy* ist turbulente Unterhaltung, und wie jemand den Film bewertet, wird davon abhängen, ob er die Marx Brothers mag oder nicht. Unter diesen Umständen ist es so gut wie unmöglich, ein unparteiisches oder gar erschöpfendes Urteil abzugeben. Aber nach größtmöglichem Austarieren der Urteilsskala stellt sich *Love Happy* diesem Zuschauer als ständiges Auf und Ab dar; einmal sind die Gags unglaublich komisch und pianissimo – dann wieder fallen sie mit einem vernehmlichen Plumps auf die Nase« (T. M. P., *New York Times*).

A Ticket to Tomahawk
(Fahrkarte nach Tomahawk)

Barbara Smith, Marilyn Monroe, Joyce McKenzie und Marion Marshall

Regie Richard Sale. *Drehbuch* Mary Loos und Richard Sale. *Kamera* (Technicolor) Harry Jackson. *Musik* Cyril Mockridge. *Musikalische Leitung* Lionel Newmann. *Arrangements* Herbert Spencer und Earle Hagen. *Bauten* Lyle Wheeler und George W. Davis. *Schnitt* Harmon Jones. *Kostüme* René Hubert. *Choreographie* Kenny Williams. *Darsteller* Dan Dailey (Johnny), Anne Baxter (Kit Dodge jr.), Rory Calhoun (Dakota), Walter Brennan (Terence Sweeney), Charles Kemper (Chuckity), Connie Gilchrist (Madame Adelaide), Arthur Hunnicutt (Sad Eyes), Will Wright (Dodge), Chief Yowlachie (Pawnee), Victor Sen Yung (Long Time), Mauritz Hugo (Dawson), Raymond Greenleaf (Bürgermeister), Harry Carter (Charley), Harry Seymour (Velvet Fingers), Robert Adler (Bat), Lee MacGreggor (Gilo), Raymond Bond (Bahnhofsvorsteher), Charlie Stevens (Trancos), Chief Thundercloud (Crooked Knife), Marion Marshall (Annie), Joyce Makkenzie (Ruby), Marilyn Monroe (Clara), Barbara Smith (Julie), Jack Elam (Fargo), Paul Harvey, John War Eagle, Shooting Star, Herbert Heywood, William Self, Guy Wilkerson, Edward Clark, Olin Howlin. *Produktion* 20th Century-Fox (Robert Bassler). 91 Minuten. 1950.

1876. Dawson, Eigentümer einer Postkutschen-Linie, will verhindern, daß Engine One, die Lokomotive der Tomahawk and Western Railroad, ihre Probefahrt nach Tomahawk, Colorado, erfolgreich hinter sich bringt. Wenn die Lok nicht in einer bestimmten Zeit ihr Ziel erreicht, verliert sie ihre Betriebsberechtigung und würde keine Konkurrenz mehr für Dawsons Postkutschen darstellen. Er heuert einen Revolverhelden namens Dakota an, um mit dessen Hilfe sein Ziel zu erreichen.

Marilyn Monroe und Partner

Dan Daily und Marilyn Monroe

Lokführer Terence Sweeney gelangt zwar heil nach Epitaph, muß aber erfahren, daß es zwischen hier und Dead Horse Point gar keine Schienenverbindung gibt.

US-Marshal Dodge wird verwundet, bevor er dem Lokführer helfen kann, und beauftragt seine Enkelin Kit, den Zug nach Tomahawk zu geleiten. Er verspricht vorauszureiten, sobald er wieder bei Kräften ist, und sie dort zu treffen.

Kit ist entschlossen, die Lok mit Hilfe eines Maultiergespanns zu den Schienen in Dead Horse Point zu schaffen. Sie überredet einen Vertreter, Johnny Behind-the-Deuces, den Passagier abzugeben, der nötig ist, um die Bedingungen der Probefahrt zu erfüllen.

Nicht nur Dakota begleitet die Gruppe, sondern auch Madame Adelaide mit ihrer Showgirl-Truppe (Marilyn Monroe spielt Clara, eines der Mädchen). Die Truppe ist zu einem Gastspiel nach Tomahawk unterwegs. Als sie einmal eine Pause machen, singt und tanzt Johnny mit den Mädchen.

Johnny kann den Indianerhäuptling Crooked Knife überreden, ihnen dabei zu helfen, die Lok nach Dead Horse Point zu bringen und nicht mit ihnen Krieg zu führen. Außerdem schafft er es, daß sich Kit in ihn verliebt.

Dakota reitet nach Dead Horse Point voraus und jagt dort Kugeln in den Wassertank. Er weiß aber nicht, daß der Zug einen ausreichenden Wasservorrat mit sich führt. Die Lok erreicht sicher den Ort, wird auf die Schienen gesetzt und ist bereit zur Weiterfahrt.

Man findet eine Patrone, die beweist, daß Dakota für die Sabotage am Wassertank verantwortlich war, und stellt ihn zur Rede. Während der Zug mit Höchstgeschwindigkeit dahinbraust, liefern sich Dakota und Johnny einen Zweikampf. Dakota fällt vom Zug und stürzt in eine Schlucht. Als Dawson und seine Leute angreifen, gibt Johnny mit der Lok Rauchsignale.

Die Signale alarmieren Crooked Knife und seine Krieger, aber auch Marshal Dodge, der soeben in Tomahawk eingetroffen war. Die Indianer und der Verfolgungstrupp des Marshals schlagen die Banditen in die Flucht, und Pawnee, Kits Leibwächter, tötet Dawson.

Der Zug erreicht Tomahawk innerhalb der Zeit, und die Eisenbahngesellschaft bekommt die Betriebserlaubnis für die Strecke. Johnny sieht einer neuen Karriere als Eisenbahningenieur und einem neuen Leben an Kits Seite entgegen.

Marilyns Rolle in ihrem vierten Film war zwar klein, aber hübsch. Ihr bemerkenswertester Beitrag war der Auftritt neben Dan Dailey und den drei Mädchen mit dem Lied *Oh, What a Forward Young Man You Are*, komponiert von Ken Darby und John Read.

THE ASPHALT JUNGLE
Asphalt-Dschungel

44

Sterling Hayden, Sam Jaffe und Anthony Caruso

Sam Jaffe, Sterling Hayden, Anthony Caruso, James Whitemore

Regie John Huston. *Drehbuch* John Huston und Ben Maddow, nach einem Roman von William Riley Burnett. *Kamera* Harold Rossen. *Musik* Mikos Rozsa. *Bauten* Cedric Gibbons und Randall Dvell. *Schnitt* George Boemler. *Kostüme* Helen Rose. *Darsteller* Sterlin Hayden (Dix Handley), Louis Calhern (Alonzo D. Emmerich), Jean Hagen (Doll Conovan), James Whitmore (Gus Minissi), Sam Jaffe (Doc Erwin Riedenschneider), John McIntire (Polizeikommissar Hardy), Marc Lawrence (Cobby), Barry Kelley (Lt. Ditrich), Anthony Caruso (Louis Ciavelli), Teresa Celli (Maria Ciavelli), Marilyn Monroe (Angela Phinlay), William Davis (Timmons), Dorothy Tree (May Emmerich), Brad Dexter (Bob Brannon), John Maxwell (Dr. Swanson), Gene Evans. *Produktion* M-G-M (Arthur Hornblow jr.). 112 Minuten. 1950.

Doc Riedenschneider hat – gerade aus dem Gefängnis entlassen – einen Raubüberfall auf ein Juweliergeschäft ausgeheckt. Eingeweiht sind Dix Handley, Gus Minissi und Louis Ciavelli. Ein Buchmacher namens Cobby finanziert den Coup.

Ihr Plan ist es, die heiße Ware einem einflußreichen Anwalt, Alonzo D. Emmerich, zu verkaufen, der sich auch als Hehler betätigt. Doch dieser – er ist fast bankrott und weiß sehr genau, daß er die Juwelen nicht bezahlen kann – beabsichtigt, sie hereinzulegen. Es gelingt ihm, mit Hilfe seiner hübschen blonden Geliebten, Angela Phinley, die er überall als eine Nichte vorstellt, eine glaubwürdige Fassade aufzubauen.

Handley will bei dem Raub mitmachen, weil er dann nach Hause zurückkehren und die Farm seiner Familie in Kentucky zurückkaufen kann. Das Mädchen Doll Conovan liebt Handley, aber er hat Angst, irgendwelche Gefühle für sie zu zeigen.

Während des Überfalls wird die Alarmanlage ausgelöst. Als Handley einem Nachtwächter die Pistole aus der Hand schlägt, löst sich ein Schuß, und Ciavelli wird getroffen. Sie fliehen Hals über Kopf. Doc und Handley schaffen die Juwelen zu Emmerich, der erklärt, er habe das Geld noch nicht im Haus. Einer von Emmerichs Leibwächtern zieht eine Pistole und fordert die Übergabe der Beute. Handley erschießt ihn, wird aber selber schwer verwundet. Doc bringt Handley zu Doll, die sich um ihn kümmert.

Die Leiche von Emmerichs Leibwächter wird gefunden. Als erster wird Cobby verhaftet, und Emmerich folgt ihm auf dem Fuße, als Angela sein Alibi platzen-

Louis Calhern und Marilyn Monroe

läßt. Ciavelli erliegt seiner Schußverletzung, und Gus, der einen Arzt für ihn holen wollte, wird verhaftet.

Auch Doc wird gefaßt; Doll aber flüchtet mit Handley im Auto nach Kentucky. Als Handley sein Zuhause erreicht, stirbt er infolge seiner Verletzung.

Mit Marilyns fünftem Film wurde das Publikum auf sie aufmerksam. In ihr verführerisches Auftreten mischte sich ein Hauch Naivität, der die Zuschauer faszinierte. Emmerich nennt Angela in dem Film seine Nichte, weil das Wort *Mistress* (Geliebte) 1950 im Kino noch Tabu war. Eine derartige Diskretion wirkt heute altmodisch, doch der Film selbst gilt nach wie vor als einer der großen Hollywood-Klassiker und ist für viele Kritiker immer noch der beste seines Genres. John Huston: »Bei mir spielte Marilyn Monroe ihre erste richtige Filmrolle, und ich kann nicht behaupten, daß ich auch nur die leiseste Ahnung hatte, was noch aus ihr werden sollte. Ich fühlte aber, daß sie in diesem Film gut sein würde und habe sie deshalb auch unter einer ganzen Reihe von Mitbewerberinnen ausgewählt. Allerdings hätte ich mir wirklich nicht träumen lassen, wie weit sie es noch bringen würde« (aus: *Film Quarterly*, No. 1, Vol. XIX, Herbst 1975).

»Regisseur dieser brutal offenen Geschichte um Verbrechen und Sühne in einer Stadt des mittleren Westens ist der zweifache Oscar-Preisträger John Huston, Sohn des verstorbenen Walter Huston. Johns Filme haben meistens einen düsteren Hintergrund (*The Treasure of Sierra Madre*), sind aber stets dramatisch und packend. Diesmal beleuchtet er, wie es bei einem Überfall auf ein Juweliergeschäft hinter den Kulissen aussieht. ... In diesem Film gibt es nur überdurchschnittliche Darstellerleistungen. ... Auch eine hübsche Blondine namens Marilyn Monroe tritt auf; sie spielt Calherns Freundin und macht aus jeder ihrer Szenen das beste« (Liza Wilson, *Photo Play*).

All About Eve
Alles über Eva

Anne Baxter, Bette Davis, Marilyn Monroe und George Sanders

Regie Joseph L. Mankiewicz. *Drehbuch* Joseph L. Mankiewicz, nach der Geschichte *The Wisdom of Eve* von Mary Orr. *Kamera* Milton Krasner. *Musik* Alfred Newman. *Bauten* Lyle Wheeler und George W. Davis. *Schnitt* Barbara McLean. *Kostüme* Charles LeMaire, Edith Head (für Bette Davis). *Regieassistenz* Gaston Glass. *Darsteller* Bette Davis (Margo Channing), Anne Baxter (Eve Harrington), George Sanders (Addison DeWitt), Celeste Holm (Karen Richards), Gary Merrill (Bill Sampson), Hugh Marlowe (Lloyd Richards), Thelma Ritter (Birdie), Marilyn Monroe (Miss Caswell), Gregory Ratoff (Max Fabian), Barbara Bates (Phoebe), Walter Hampden (der alte Schauspieler), Randy Stuart (Mädchen), Craig Hill (männlicher Hauptdarsteller), Steve Geray (Oberkellner), Eddie Fisher (Bühnenmeister). *Produktion* 20th Century-Fox (Darryl F. Zanuck). 128 Minuten. 1950.

Eve Harrington, die alles tun würde, um Schauspielerin zu werden, erschleicht sich das Wohlwollen des berühmten Bühnenstars Margo Channing, indem sie ihr erzählt, sie sei ein glühender Verehrer ihrer Kunst. Da sie die Geschichte vom Pech des Mädchens rührt, gibt Margo Eve eine Stellung als ihre Sekretärin.

Eve nimmt alle für sich ein, mit Ausnahme von Margos Garderobiere Birdie. Auf einer Party lernt Eve den New Yorker Theaterkritiker Addison DeWitt kennen. In dessen Begleitung befindet sich eine Miss Caswell, eine kurvenreiche Blondine, die DeWitt als seinen »Schützling« vorstellt. Margo betrinkt sich und beschimpft Eve, deren Spiel sie allmählich zu durchschauen beginnt.

Mit Hilfe von Margos Freundin Karen bekommt Eve einen Vertrag als Margos zweite Besetzung in ihrem Stück. Margo kommt ins Theater, um eine Szene mit Miss Caswell zu lesen, die sich für eine Rolle in einem neuen Stück beworben hat. Margo, die wie immer zu spät erscheint, wird wütend, als sie erfährt, daß Miss Caswell zwar durchgefallen ist, Eve aber ihre zweite Besetzung geworden ist und von allen als großes Talent gefeiert wird.

Karen meint, Margo sei Eve gegenüber ungerecht, und sie streiten sich. Als Margo später Karen und ihren Mann in deren Wochenendhaus besucht, arrangiert Karen, daß der Wagen auf dem Weg zum Bahnhof stehenbleibt, Margo dadurch den Zug verpaßt und nicht rechtzeitig zur Abendvorstellung im Theater sein kann. Karen will, daß Eve dadurch ihre große Chance geboten bekommt.

Margo verpaßt tatsächlich den Zug, und Eve übernimmt an diesem Abend ihre Rolle. DeWitt ist von ihrer Leistung begeistert. Abends hatte Eve einen Annäherungsversuch bei dem Regisseur des Stückes, Margos Freund Bill Sampson, unternommen, doch er hatte sie abblitzen lassen. DeWitt war unfreiwilliger Zeuge dieser Szene.

Eve versucht, Karen dazu zu bringen, ihren Mann Lloyd zu beeinflussen, ihr die Hauptrolle in dem neuen Stück zu geben, das er gerade für Margo geschrieben hat. Sie droht, andernfalls aufzudecken, daß Karen für den Abend mit der zweiten Besetzung verantwortlich war. Karen ist deshalb erleichtert, als Margo sich dazu entschließt, in dem neuen Stück nicht aufzutreten und statt dessen Bill zu heiraten.

Kurz vor der Testaufführung in New Haven erzählt Eve DeWitt, daß sie Lloyd dazu bringen will, sich von Karen scheiden zu lassen, sie zu heiraten und für sie Stücke zu schreiben. DeWitt kontert damit, daß er ihr mitteilt, er kenne so manchen dunklen Punkt in ihrer Vergangenheit, und er macht ihr klar, daß sie zu ihm gehört. Eve bricht in Tränen aus und gibt ihre Pläne mit Lloyd auf.

Eve erhält den Sarah-Siddons-Preis für ihre Leistung in Lloyds neuem Stück. Bei der Verleihung sind alle anwesend, die einmal ihre Freunde waren und die sie für ihre Karriere benutzt hat.

Als Eve an diesem Abend ihre Suite betritt, findet sie dort ein Mädchen namens Phoebe vor, die erklärt, sie sei einer ihrer Fans. Eve fühlt sich durch die Bewunderung dieses Mädchens geschmeichelt. DeWitt will die Preisfigur abgeben, die Eve im Wagen vergessen hatte, doch Phoebe macht ihm auf und nimmt sie entgegen.

Barbara Bates

Während Eve in einem anderen Zimmer ist, posiert Phoebe mit der Figur vor dem Spiegel, verbeugt sich und tut, als habe sie den Preis gewonnen.

All About Eve zählt zu den bedeutendsten Filmen, die je gedreht worden sind. Er hat viele Preise erhalten und wurde von der Kritik nur in höchsten Tönen gelobt.

Marilyn hatte eine kleine, aber auffallende Rolle als das Mädchen, das bereit ist, alles für eine Karriere zu opfern, aber leider keinerlei Talent besitzt. Miss Caswell hat die Funktion, schon früh auf DeWitts Lüsternheit aufmerksam zu machen und außerdem einen Kontrast zu Eves Methode, Karriere zu machen, zu bilden. Marilyns Leistung in ihrem sechsten Film verschaffte ihr einen neuen Vertrag mit der Fox.

»Das gute alte Theater, der traditionsreiche Tempel der darstellenden Kunst, hat auf Hollywood seit jeher mit Verachtung und Hohn herabgeblickt. Hoffentlich ist es auch bereit, selbst Ziel der Kritik zu sein, denn Hollywood zeigt nun seinen Giftstachel und gibt den Spott massiv zurück. In *All About Eve*, einer vernichtenden Satire (sie ist zugleich geistreich, durchdacht und kultiviert), die Twentieth Century-Fox und Joseph L. Mankiewicz gestern vorstellten, zeigt die Filmindustrie dem Broadway schonungslos die Zähne. Wenn das Theater sich die Tracht Prügel nicht gefallen lassen will, soll es eben George Kaufman und Moss Hart zu Hilfe rufen. Aber es mag durchaus sein, daß selbst die Herren Kaufman und Hart nicht gegen die grelle, verheerende Ironie ankommen würden, mit der dieser Film auf brillante Weise aufwartet. Denn offensichtlich hat sich Mr. Mankiewicz, der als Drehbuchautor und Regisseur verantwortlich zeichnet, schon sehr lange auf diesen Schlag vorbereitet. Man merkt, daß er das Theater und dessen charmantes Völkchen jahrelang studiert haben muß, und sicher nicht durch die rosa Brille eines eingeschworenen Enthusiasten. Und nun ist der Moment gekommen, wo er sich mit der glänzenden Unterstützung von Bette Davis und einer wahrhaft erlesenen Besetzung mitten in das Milieu hineinstürzt, die Krallen ausfährt und so manche Rechnung begleicht« (Bosley Crowther, *New York Times*). Joseph L. Mankiewicz: »Dieses Gezetere und Geschreibsel, daß ›Hollywood Marilyn Monroe zerstört habe‹, ist ekelhafter Mist. Ihr spezieller Weg der Selbstzerstörung war schon programmiert, lange bevor sie überhaupt nach Hollywood kam. Aber der Film und ihr plötzlicher, erstaunlicher, unerklärlicher

Starruhm bereiteten das Ende für sie vor und beschleunigten es. Und fingen auch etwas für sie ab, meiner Meinung nach, machten ihr das Ende auf bestimmte Art leichter. 1962 lag ihr Wunder von einer ›Karriere‹ doch schon in Scherben. Können Sie sich Marilyn Monroe heute vorstellen, noch lebend – was würde sie sein? Wo? Wie? Das sollte man sich einmal überlegen. . . . Ich hielt sie damals für die einsamste Person, die mir je untergekommen war. Während unserer ganzen Außenaufnahmen in San Francisco wurde Marilyn mal in diesem, mal in jenem Restaurant gesehen, alleine beim Essen oder alleine beim Trinken. Wir fragten sie immer, ob sie nicht mit uns kommen wolle, und meistens nahm sie auch erfreut an, aber irgendwie wurde unsere unausgesprochene Versicherung, sie sei doch eine von uns, von ihr nicht verstanden oder nicht akzeptiert. Sie blieb alleine. Sie war kein Einzelgänger. Sie war schlicht einsam.« (*More about All about Eve*, New York 1972).

Gregory Ratoff, Anne Baxter, Gary Merrill, Celeste Holm, George Sanders und Marilyn Monroe

THE FIREBALL
(Feuerball)

Marilyn Monroe, James Brown und Mickey Rooney

Regie Tay Garnett. *Drehbuch* Tay Garnett und Horace McCoy. *Kamera* Lester White. *Musik* Victor Young. *Bauten* Van Nest Polglase. *Schnitt* Frank Sullivan. *Darsteller* Mickey Rooney (Johnny Casar), Pat O'Brien (Pater O'Hara), Beverly Tyler (Mary Reeves), Glenn Corbett (Mack Miller), James Brown (Allan), Marilyn Monroe (Polly), Ralph Dumke (Nick), Bert Begley, Milburn Stone, Tom Flint, John Hedloe. *Produktion* 20th Century-Fox (Bert Friedlob). 84 Minuten. 1950.

Johnny Casar läuft aus einem Waisenhaus, das von Pater O'Hara geleitet wird, weg und bekommt Arbeit in einer Bohnenfabrik. Er besucht ein Rollschuhstadion und lernt dort Mary Reeves kennen, eine Rollschuhmeisterin, die ihm Unterricht in diesem Sport gibt. Er läuft mit Mack Miller, einem der schnellsten Rollschuhläufer, den er nicht ausstehen kann, um die Wette. Zu Anfang verliert er, doch Mary zeigt ihm, wo seine Fehler liegen, und er schlägt seinen Rivalen.

Johnny wird in das Team der Rollschuhwettläufer »The Bears« aufgenommen. Pater O'Hara trifft Johnny und sagt ihm, er habe die ganze Zeit über gewußt, wo er gesteckt habe. Den Priester erfüllt es mit Stolz und Freude, daß Johnny sich einen Namen macht. Doch als Johnny ein richtiger Publikumsliebling wird, steigt ihm der Erfolg zu Kopfe, und obwohl er für sein Team viele Siege erringt, bleibt er eigenbrödlerisch und ohne Mannschaftsgeist.

Sein neues Leben ist auch recht ausschweifend. Er hat immer neue Freundinnen – darunter auch Polly –, die sich für ihn interessieren, weil er der Champion ist, denen er aber im Grunde nichts bedeutet. Nur Mary meint es ehrlich mit ihm.

Als Johnny an Polio erkrankt, hilft Mary, ihn wieder gesundzupflegen. Er kann zwar wieder arbeiten, hat aber immer noch nicht gelernt, was Mannschaftsgeist bedeutet. Dann kommt das große Rennen, das »Internationale«. Anstatt um jeden Preis persönliche Glanzleistungen zu erbringen, hilft Johnny einem jungen Mannschaftsmitglied, das Rennen für ihr Team zu gewinnen. Johnny weiß endlich über sich selbst Bescheid, und die selbstlose Handlungsweise, die von seiner inneren Wandlung zeugt, sichert ihm den erneuten Respekt Pater O'Haras und Marys dauernde Liebe.

»*The Fireball* ist ein recht billiger und mäßig attraktiver Film über einen neuen Sport und besitzt lediglich einige gelungene Momente in Pat O'Briens ulkiger Verkörperung eines Priesters, in den Szenen auf der Rollschuhrennbahn und – paradoxerweise – während Mickey Rooneys Landstreicher-Szenen am Anfang. Denn in diesen Momenten, wenn er sich ganz normal geben kann, ist er ebenso überzeugend wie als ›Killer McCoy‹ vor drei Jahren« (H. H. T., *New York Times*).

Right Cross
(Rechter Haken)

Dick Powell und Marilyn Monroe

Dick Powell und Ricardo Montalban

Ricardo Montalban und June Allyson

Regie John Sturges. *Drehbuch* Charles Schnee. *Kamera* Norbert Brodine. *Musik* David Raskin. *Schnitt* James E. Newcom. *Kostüme* Helen Rose. *Darsteller* June Allyson (Pat O'Malley), Dick Powell (Rick Gavery), Ricardo Montalban (Johnny Monterez), Lionel Barrymore (Sean O'Malley), Terese Celli (Marina Monterez), Barry Kelley (Allan Goff), Tom Powers (Tom Balford), Mimi Augulia (Mom Monterez), Marianne Stewart (Audrey), John Gallaudet (Phil Tripp), Wally Maher (Erster Reporter), Larry Keating (Zweiter Reporter), Ken Tobey (Dritter Reporter), Bert Davidson (Vierter Reporter), Marilyn Monroe (die Frau im Nachtklub). *Produktion* M-G-M (Armand Deutsch). 89 Minuten. 1950.

Johnny Monterez, ein Box-Champion, ist oft Vorurteilen ausgesetzt, weil er Mexikaner ist. Sein Manager, Sean O'Malley, war früher selbst einer der besten Preisboxer, und heute ist Johnny sein ganzer Stolz. Allan Goff, ein Top-Manger, will, daß Johnny für ihn boxt, doch Johnny hat kein Interesse. Johnny liebt O'Malleys Tochter Pat, und das ist auch der Grund,

Ricardo Montalban (zweiter von rechts)

weshalb er keinen Vertrag mit Goff machen will.

Zu Johnnys wenigen Freunden zählt der Sportreporter Rick Gavery. Auch Rick ist in Pat verliebt, muß aber erkennen, daß sie Johnny liebt. Um seine Einsamkeit ertragen zu können, spricht Rick dem Alkohol und den Frauen zu. (Marilyn Monroe spielt die kleine Rolle einer hübschen Dame, die er in einen Nachtklub ausführt.)

Johnny weiß, daß seine rechte Hand bald nicht mehr mitmachen wird, und er fürchtet, daß seine Tage als Champion ge-

zählt sind. Er beschließt, Goffs Angebot doch anzunehmen; auf diese Weise käme er rasch an das große Geld und könnte sich zur Ruhe setzen und für Pat und ihren Vater sorgen, ehe seine Hand nicht mehr zu gebrauchen ist.

Kurz nachdem O'Malley erfahren hat, daß Johnny ihn verlassen will, stirbt der alte Manager an einem Herzinfarkt, und Pat gibt Johnny dafür die Schuld, von dessen Motiven sie nichts weiß. Johnny setzt für seinen letzten Kampf für die O'Malley-Organisation seinen Champion-Titel aufs Spiel und hofft, damit die Massen an-

Dick Powell und Lionel Barrymore

locken zu können. Doch Johnny verliert den Kampf. Als er in seine Garderobe kommt, wartet Rick dort auf ihn. Die beiden geraten in einen Streit, in dessen Verlauf Johnny den Schlag landet, der ihm die Hand, die den Kampf im Ring unbeschadet überstanden hatte, schließlich bricht.

Johnny kehrt allein in sein Trainingslager zurück, doch Rick und Pat folgen ihm dorthin. Rick versichert Johnny, daß er immer noch sein Freund ist; Pat kann ihn von ihrer Einsicht überzeugen, daß er ihr nur helfen wollte. Johnny erkennt, daß sie ihn immer noch liebt, und das tröstet ihn über die Tatsache hinweg, daß er nie mehr wird kämpfen können.

Obwohl dies Marilyns achter Film war, tauchte ihr Name im Vorspann des Films nicht auf. »*Right Cross* spielt im Boxermilieu, es gibt eine Liebesgeschichte, und auch die mexikanische Rassenfrage wird gestreift. Aus alledem ist zwar kein überragender Film geworden, doch er besitzt seine vergnüglichen Momente. ... *Right Cross* funktioniert in erster Linie als Unterhaltungsfilm, doch die Themen, die er anspricht, verdienen unsere Aufmerksamkeit, denn sie verleihen den Figuren in bezug auf ein aktuelles, gesellschaftliches Problem Glaubwürdigkeit« (Archer Winston, *New York Post*).

Hometown Story
(Eine Geschichte von Daheim)

Alan Hale, jr. und Marilyn Monroe

Regie und Drehbuch Arthur Pierson. *Kamera* Lucien Andriot. *Musik* Louis Forbes. *Schnitt* William Claxton. *Darsteller* Jeffrey Lynn (Blake Washbourne), Donald Crisp (John McFarlane), Marjorie Reynolds (Janice Hunt), Alan Hale jr. (Slim Haskins), Marilyn Monroe (Iris Martin), Barbara Brown (Mrs. Washbourne), Melinda Plowman (Katie), Griff Barnett (der Onkel), Kenny McEvoy, Glenn Tryon, Bryan Foulger, Virginia Campbell, Harry Harvey, Nelson Leigh, Speck Noblitt. *Produktion* M-G-M (Arthur Pierson). 61 Minuten. 1951.

Nachdem Blake Washbourne bei seinem Versuch, in den Landtag wiedergewählt zu werden, gescheitert ist, kehrt er in seine Heimatstadt zurück und übernimmt, als sich sein Onkel zur Ruhe setzt, den *Herald*-Zeitungsverlag. (Marilyn Monroe ist in der Rolle der Miss Martin zu sehen, die in dem Zeitungsbüro arbeitet.)

Blake gibt den Großunternehmen die Schuld an seiner Niederlage, denn der Sohn eines reichen Fabrikanten war sein siegreicher Gegenkandidat, und er benützt seine Zeitung, um an dem Fabrikanten, McFarlane, und anderen Kritik zu üben. Er schreibt, daß die Konzerne gegen die grundlegendsten Interessen der Bevölkerung arbeiten.

Blake gerät mit seiner Verlobten Janice Hunt, einer Lehrerin, und Slim Haskins, einem Reporter des *Herald* und Blakes Freund, in Konflikt, von denen keiner

Jeffrey Lynn und Marilyn Monroe

seine Meinung teilt. McFarlane sucht Blake auf und versucht, ihn davon zu überzeugen, daß letztlich jedermann vom Großunternehmertum profitiert, doch Blake weigert sich, seine Meinung zu ändern.

Als Janice mit ihrer Klasse einen Ausflug macht, fällt Katie, Blakes kleine Schwester, bei einem Erdrutsch in einen Minenschacht. Blake und Slim rennen mit den anderen zur Unglücksstelle. Katie wird zwar von Arbeitern gerettet, ist aber, wie eine Untersuchung von McFarlanes Betriebsarzt ergibt, schwer verletzt. McFarlane stellt sein Flugzeug zur Verfügung, das Katie in eine Klinik bringt. Ein Gehirnchirurg rettet dort ihr Leben. Nach der Operation wird sie an ein Beatmungsgerät angeschlossen, das sie ihre Kräfte wiedererlangen läßt. McFarlane erklärt Blake, daß der Motor für dieses Gerät von seiner Firma hergestellt wurde.

Blake ändert seine Haltung gegenüber McFarlane und dem Unternehmertum. Jetzt kann er sich auch wieder mit Janice versöhnen, und außerdem wird er die Verlagspolitik seiner Zeitung ändern.

Marilyns neunter Film war ihre dritte und letzte Arbeit für Metro-Goldwyn-Mayer. »Arthur Pierson schrieb und inszenierte den Film. In der Besetzungsliste finden sich so verläßliche Profis wie Jeffrey Lynn, Donald Crisp und Marjorie Reynolds in Hauptrollen. ... Marilyn Monroe, Barbara Brown und Griff Barnett erfüllen die Anforderungen des Drehbuches« (Brog., *Variety*).

As Young As You Feel
(So jung wie man sich fühlt)

Marilyn Monroe und Albert Dekker

Regie Harmon Jones. *Drehbuch* Lamar Trotti, nach einer Story von Paddy Chayefsky. *Kamera* Jose McDonald. *Musik* Cyril Mockridge. *Musikalische Leitung* Lionel Newman. *Bauten* Lyle Wheeler, Maurice Ransford. *Schnitt* Robert Simpson. *Kostüme* Renie. *Darsteller* Monte Wooley (John Hodges), Thelma Ritter (Della Hodges), David Wayne (Joe), Jean Peters (Alice Hodges), Constance Bennett (Lucille McKinley), Marilyn Monroe (Harriet), Allyn Joslyn (George Hodges), Albert Dekker (Louis McKinley), Clinton Sundberg (Frank Erickson), Minor Watson (Cleveland), Ludwig Stössel (Dirigent), Renie Riano (Harfenspieler), Wally Brown (Gallagher), Rusty Tamblyn (Willie), Roger Moore (Saltonstall). *Produktion* 20th Century-Fox (Lamar Trotti). 77 Minuten. 1951.

John Hodges wird durch die Politik der Muttergesellschaft Consolidated Motors gezwungen, mit fünfundsechzig seine Tätigkeit bei Acme Printing Services aufzugeben und sich zur Ruhe zu setzen. Zu Hause erzählt Hodges seinem Sohn George, dessen Frau Della (Thelma Ritter) und ihrer Tochter Alice, was geschehen ist, doch nur bei Alice findet er ehrliches Mitleid.

Er begibt sich in die Personalabteilung der Firma, wo Alices Verlobter Joe beschäftigt ist. Ihm und einem anderen Angestellten, Erickson, trägt er seinen Kummer vor. Joe schlägt vor, er solle dem Präsidenten von Consolidated Motors schreiben, doch niemand weiß, wer das ist. Hodges findet heraus, daß der Name des Präsidenten Cleveland ist, und er schmiedet einen Plan.

Hodges färbt sich Haare und Bart schwarz, tut, als sei er Cleveland und schickt dem Direktor von Acme, Louis McKinley, ein Telegramm, in dem er ihm seinen Besuch ankündigt, um angeblich die Firma zu inspizieren. Nicht einmal die wohltuende Anwesenheit seiner hübschen Sekretärin Harriet kann den nervösen McKinley beruhigen.

Der Hochstapler trifft ein; Joe erkennt ihn, aber Erickson fällt auf ihn herein. McKinley arrangiert ein Bankett für Hodges, auf dem der mutmaßliche Präsident eine Rede halten soll. McKinley stellt ihn seiner Frau Lucille vor, und diese verliebt sich unsterblich in ihn.

Hodges sorgt dafür, daß jeder, der in den Ruhestand versetzt worden ist, auf Wunsch wieder eingestellt wird. Als die Maskerade vorbei ist, kehrt er in dem Glauben nach Hause zurück, daß seine Stellung nun gesichert sei.

Doch die Ereignisse nehmen einen unerwarteten Verlauf. Seine Rede bewirkt, daß die Aktien der Firma in die Höhe klettern. Und als es herauskommt, daß er der Hochstapler war, sucht ihn der wirkliche Cleveland auf. Auch Lucille, die McKinley verlassen hat, weil sie glaubt, er liebe sie nicht mehr, kommt zu ihm.

Joe bekommt einen höheren Posten in der Personalabteilung, als Erickson versucht, Hodges zu verraten. McKinley macht sich auf den Weg, um Lucille aus Hodges' Haus zu holen. Er feuert Hodges, packt seine Frau und überschüttet Cleveland, der eingreifen will, mit Schimpfworten. Als seine Frau ihm mitteilt, er habe soeben den Präsidenten der Muttergesell-

Wally Brown, Monty Woolley, Marilyn Monroe und Albert Dekker

schaft angeschrien, fällt McKinley in Ohnmacht.

Cleveland bietet Hodges einen hohen Posten in der Firma an, doch Hodges hätte lieber seinen alten Job zurück. Cleveland versichert ihm, daß McKinley seiner Wiedereinstellung nicht im Wege stehen werde. Ende gut, alles gut: Hodges hat bewiesen, daß Intelligenz und Leistungsfähigkeit nicht vom Alter abhängen.

Dies war Marilyns zehnter Film und der erste unter dem neuen Vertrag mit der Fox. Ihre Aktien kletterten, und Fox setzte sie zwar auch weiterhin in Rollen ein, die eine kesse Blondine verlangten, sah nun aber zu, daß diese Rollen größer wurden. »Dieser unprätentiöse, kleine Film, den Lamar Trotti geschrieben hat und der von Harmon Jones in herrlich komödiantischem Stil inszeniert wurde, bietet, was Originalität und Geschmack betrifft, ausgezeichnete Unterhaltung, und das Publikum muß sich mit ihm sicherlich auf einer ziemlich anspruchsvollen Ebene auseinandersetzen. . . . Albert Dekker ist höchst amüsant als der stiernackige Boss eines Kleinunternehmens, und Marilyn Monroe in der Rolle seiner Sekretärin ist superb« (Bosley Crowther, *New York Times*).

LOVE NEST
(Liebesnest)

Marilyn Monroe und June Haver

Regie Joseph Newman. *Drehbuch* I. A. L. Diamond, nach einem Roman von Scott Corbett. *Kamera* Lloyd Ahern. *Musik* Cyril Mockridge. *Musikalische Leitung* Lionel Newman. *Bauten* Lyle Wheller. *Schnitt* J. Watson Webb jr. *Kostüme* Renie. *Darsteller* June Haver (Connie Scott), William Lundigan (Jim Scott), Frank Fay (Charley Patterson), Marilyn Monroe (Roberta Stevens), Jack Paar (Ed Forbes), Leatrice Joy (Eadie Gaynor), Henry Kulky (George Thompson), Marie Blake (Mrs. Quigg), Patricia Miller (Florence), Maude Wallace (Mrs. Arnold), Joe Ploski (Mr. Hansen), Martha Wentworth (Mrs. Thompson), Faire Binney (Mrs. Frazier), Caryl Lincoln (Mrs. McNab), Michael Ross (Mr. McNab), Bob Jellison (Mr. Fain), John Costello (Briefträger), Charles Calvert (Mr. Knowland), Leo Clary (Detektiv Donovan), Jack Daly (Mr. Clark), Ray Montgomery (Mr. Gray), Florence Auer (Mrs. Braddock), Edna Holland (Mrs. Engstrand), Liz Slifer (Mrs. Healy), Alvin Hammer (Glazier), Robert H. Young. *Produktion* 20th Century-Fox (Jules Buck). 84 Minuten. 1951.

Jim Scott kehrt aus dem Armeedienst von Übersee zurück und zieht mit seiner Frau Connie in ein altes Haus ein, das sie in New York gekauft hat. Obwohl sie durch das Vermieten von Zimmern etwas verdienen, entstehen Jim durch das Haus Probleme, und es hält ihn davon ab, einen Roman zu schreiben.

Roberta Stevens, die im Frauenkorps gedient hat und Jim seit ihren Tagen in der Armee kennt, erscheint auf der Bildfläche und zieht – sehr zum Ärger von Connie – in das Haus ein. Jims Freund Ed Forbes dagegen ist hocherfreut darüber, daß Roberta nun bei ihnen wohnt.

Charley Patterson heißt ein weiterer neuer Mieter, und er heiratet eine andere Mieterin, Eadie Gaynor. Er leiht Jim Geld, damit das Haus nicht verkauft zu werden braucht, doch Jim und Connie erscheint die Herkunft des Geldes recht zweifelhaft. Schließlich kommt die Wahrheit ans Licht. Charley wird als Casanova entlarvt, der reichen Witwen Geld abgeknöpft hat. Doch als Charley verhaftet wird, steht ihm Eadie zur Seite. Charley erklärt, daß die Witwen auf das Geld, das sie bei ihm vermuteten, ebenso erpicht gewesen seien wie er auf das ihre.

Charley sagt gegenüber der Polizei aus, er habe Jim Geld gegeben, damit dieser ihn nicht verrate. Daraufhin wird auch Jim verhaftet, und er stellt Charley im Gefängnis wegen seiner Lügen zur Rede. Doch Charley meint, daß es nötig gewesen sei, Jim zu sich ins Gefängnis zu holen, damit er ihm seine Memoiren diktieren könne. Er drängt Jim, die Hälfte des Erlöses für sich zu behalten und die andere Hälfte Eadie zu geben. Jim kommt frei und findet für die Memoiren einen Verleger.

Mit Hilfe des damit verdienten Geldes können Jim und Connie das Haus renovieren lassen, und Eadie hat keine Geldsorgen mehr. Charley wird zu anderthalb Jahren Gefängnis verurteilt. Nach seiner Entlassung kehrt er wieder zu Eadie zurück und wird bald Vater von Zwillingen.

In Marilyns elftem Film tauchte ihr Name ziemlich weit oben in der Besetzungsliste auf. Das Publikum begann, ihre Anwesenheit in einem Film nun schon zu registrieren. An Marilyns Seite spielte Jack Paar die Rolle eines aufdringlichen Rechtsanwaltes. Paar hatte vorher schon kleinere Rollen für RKO gespielt, sollte sich jedoch erst im Fernsehen endgültig bewähren. »Es gibt nur wenige originelle Dialoge und Situationen im Drehbuch, und die reichen einfach nicht, um einem ziemlich abgegriffenen Thema noch irgendwelche Würze zu verleihen, egal wie sehr sich die Hauptdarsteller auch anstrengen, um Lacher zu provozieren. ... Marilyn Monroe wird noch beigemischt, um für Eifersucht zwischen den Hauswirten zu sorgen. ... Jules Bucks Produktionsüberwachung taugt zwar in bezug auf das äußere Erscheinungsbild des Films, läßt aber in bezug auf Drehbuch und Handlungsführung zu wünschen übrig« (Brog., *Variety*).

67

Jack Paar und Marilyn Monroe

LET'S MAKE IT LEGAL
(Machen wir's legal)

Macdonald Carey, Marilyn Monroe, Zachary Scott, Claudette Colbert

Regie Richard Sale. *Drehbuch* F. Hugh Herbert und I. A. L. Diamond, nach einer Story von Mortimer Braus. *Kamera* Lucien Ballard. *Musik* Cyril Mockridge. *Musikalische Leitung* Lionel Newman. *Bauten* Lyle Wheeler und Albert Hogsett. *Schnitt* Robert Fritsch. *Kostüme* Renie. *Darsteller* Claudette Colbert (Miriam Halsworth), Macdonald Carey (Hugh), Zachary Scott (Victor), Barbara Bates (Barbara Denham), Robert Wagner (Jerry Denham), Marilyn Monroe (Joyce), Frank Cady (Ferguson), Jim Hayward (Gärtner), Carol Savage (Miss Jessup), Paul Gerrits (Milchmann), Betty Jane Bowen (Sekretärin), Vici Raaf (Hughs Sekretärin), Ralph Sanford (Polizei-Leutnant), Harry Denny (Hoteldirektor), Harry Harvey sr. (Briefträger). *Produktion* 20th Century-Fox (Robert Bassler). 77 Minuten. 1951.

Miriam Halsworth läßt sich nach zwanzigjähriger Ehe von ihrem Mann Hugh, Werbemanager in einem modernen Hotel, scheiden. Einer der Gründe für die Scheidung ist Hughs Spielleidenschaft.

Kurz nachdem sie bei ihrer Tochter Barbara und deren Mann eingezogen ist, beginnt Miriam, ihrem Schwiegersohn Jerry Denham auf die Nerven zu gehen.

Victor Macfarland, ein reicher Industrieller, der Miriam einst den Hof gemacht hat, mietet sich in das Hotel ein. Sie hatte Hugh damals geheiratet, nachdem Victor ohne irgendeine Erklärung die Stadt verlassen hatte. Als Victor von der Scheidung erfährt, beginnt er, sich wieder für sie zu interessieren.

Hugh liebt Miriam immer noch, will es sich aber nicht eingestehen. Er beginnt, sich mit Joyce, einer hübschen Blondine aus dem Hotel, zu treffen und hofft, Miriam damit eifersüchtig zu machen. Joyce wiederum sticht Macfarlands Geld ins Auge.

Victor und Miriam beschließen zu heiraten, doch er muß zuvor noch geschäftlich nach Washington zurück. Vor seiner Ab-

Marilyn Monroe und Partner

Zachary Scott und Marilyn Monroe

reise enthüllt er noch, daß er und Hugh vor zwanzig Jahren darum gewürfelt haben, wer sie heiratet, und daß er die Stadt verlassen habe, als er verlor.

Miriam wird wütend und informiert Hugh, daß sie seine preisgekrönten Rosenstöcke, die sie immer noch pflegt, in Stücke reißen werde. Als Hugh versucht, sich diese nachts heimlich zu holen, wird er verhaftet. Die Presse bekommt Wind von der Sache, und Miriam wird in den Zeitungen als Victors Verlobte bezeichnet. Voller Zorn ruft Victor sie an und beklagt sich bitter darüber, daß sein Name mit der Sache in Verbindung gebracht wurde.

Miriam wünscht Victor zum Teufel und hängt ein. Hugh zeigt ihr die Würfel, die er benutzte, um sie von Victor zu gewinnen. Sie erkennt, daß Hugh sie so präpariert hatte, daß er unmöglich verlieren konnte. Überzeugt, daß Hugh sie immer noch liebt, versöhnt Miriam sich wieder mit ihm.

Auch in ihrem zwölften Film blieb Marilyn dem Muster ihrer vorangegangenen Rollen treu. Wieder einmal war sie die »hübsche Blondine«, die ihr gutes Aussehen einsetzt, wenn es darum geht, ihren Zielen näher zu kommen.

»Claudette Colbert hat durchaus komisches Talent, doch auch sie kann *Let's Make it Legal* nicht so unterhaltsam gestalten, wie man es erhofft hatte. Solange sie die Leinwand beherrscht, hat die Komödie Schwung, aber sobald ihre Partner am Zuge sind, tritt sie auf der Stelle.

Der Film leidet unter einem schwachen Drehbuch und unglaubwürdigen Figurenzeichnungen von Macdonald Carey und Zachary Scott. ... Marilyn Monroe stellt als kleine Ablenkung ihr gutgebautes Fahrgestell zur Schau.

Let's Make it Legal zeugt von Claudette Colberts gutem Willen, dem sich aber zu viele Hindernisse in den Weg stellen« (Frank Quinn, *New York Daily Mirror*).

CLASH BY NIGHT
Vor dem neuen Tag

Regie Fritz Lang. *Drehbuch* Alfred Hayes, nach dem Bühnenstück von Clifford Odets. *Kamera* Nicholas Musuraca. *Special Effects* Harold Wellman. *Musik* Roy Webb. *Lied* »I Hear a Rhapsody« von Dick Gasparre, Jack Baker und George Fragos, gesungen von Tony Martin. *Bauten* Albert S. D'Agostino und Carroll Clark. *Ausstattung* Darrell Silvera und Jack Mills. *Schnitt* George J. Amy. *Kostüme* Michael Woulfe. *Darsteller* Barbara Stanwyck (Mae), Paul Douglas (Jerry), Robert Ryan (Earl), Marilyn Monroe (Peggy), J. Carrol Naish (Onkel Vince), Keith Andes (Joe Doyle), Silvio Minciotti (Papa D'Amato). *Produktion* Jerry Wald-Norman Krasna/RKO Radio (Harriet Parsons). 105 Minuten. 1952.

Mae Doyle kommt nach vielen Jahren als müde und zynische Frau wieder in ihre Heimatstadt zurück. Ihr Bruder Joe ist über ihre Rückkehr nicht sehr erfreut. Er liebt Peggy, eine Arbeiterin aus der Fischkonservenfabrik, und er fürchtet, daß sie einmal so werden könnte wie seine Schwester.

Mae macht die Bekanntschaft von Jerry, der einen Fischerkahn besitzt, und fühlt sich durch dessen Sanftmut und Genügsamkeit angezogen. Sie heiratet Jerry und wird glückliche Mutter, doch schon bald erfaßt sie wieder ihre Unruhe.

Sie beginnt, sich für Jerrys Freund Earl, einen Filmvorführer, zu interessieren, obwohl sie weiß, daß er nicht zu ihr paßt. Sie beginnen ein Verhältnis, und sie beschließt, Jerry zu verlassen. Inzwischen hat Jerrys Onkel Vince Jerry gegenüber Andeutungen über Mae und Earl gemacht, doch Jerry weigert sich, davon etwas zu glauben.

Schließlich gesteht Mae Jerry die Wahrheit. Jerry stellt Earl augenblicklich zur Rede und bringt ihn in einem Zweikampf fast um. Mae erfährt, daß Jerry ihr Baby auf sein Schiff geschafft hat. Als Earl sie zu überreden versucht, ohne ihr Baby mit ihm fortzugehen, wird ihr klar, daß er sich

Robert Ryan und Marilyn Monroe

Keith Andes und Marilyn Monroe

allein für sich selbst interessiert und daß ihr Gefühl für ihn nichts mit Liebe zu tun hatte.

Mae geht zu Jerry zurück, den sie die ganze Zeit liebte, ohne es zu wissen; sie bittet ihn, ihr für all das Leid, das sie ihm zugefügt hat, zu vergeben, und verspricht ihm, von nun an eine gute Frau und Mutter zu sein. Jerry hat ein Einsehen und nimmt sie wieder auf.

In ihrem dreizehnten Film spielte Marilyn ihre bis dahin wichtigste Rolle. Fox hatte sie hierfür der RKO ausgeliehen, und sie nutze ihre Chance. Obwohl sie neben solchen Profis wie Barbara Stanwyck, Paul Douglas und Robert Ryan spielte, konnte Marilyn sich tadellos behaupten. Das Publikum liebte sie; selbst die Enthüllung, daß sie sich für jenen berühmten Kalender hatte fotografieren lassen, konnte ihrer Karriere jetzt nicht mehr schaden. Auch die Kritiker waren mit Marilyn zufrieden und gingen in ihren Be-

sprechungen zu diesem Film ausführlicher auf ihre Leistung ein. »In *Clash by Night* ist Barbara Stanwyck wieder einmal in einer ihrer bewährten Gefühlsdramen zu sehen. Dieser Stoff von Clifford Odets liefert ihr aber, was Handlung und Figurenzeichnung betrifft, eine bessere Grundlage als sonst.

Ehe wir näher auf *Clash By Night* eingehen, sollten wir vielleicht erwähnen, daß uns dieser Film Marilyn Monroe zum ersten Mal als hundertprozentige Schauspielerin präsentiert. Das Ergebnis ist erstaunlich positiv.

Dieses Mädchen besitzt eine erfrischende Vitalität, einen Überfluß an kindlicher Ausgelassenheit. Und wenn es die Situation erfordert, ist sie auch eine starke Schauspielerin. Damit hat sie endgültig bewiesen, daß sie ein talentierter neuer Star ist, dem all die fantastische Publicity nur zu gönnen ist. Ihre Rolle in diesem Film ist nicht gerade sehr groß, doch Mari-

Marilyn Monroe und Keith Andes

lyn verleiht ihr Wichtigkeit« (Alton Cook, *New York World-Telegram and Sun*). Fritz Lang: »Mit Marilyn Monroe zu arbeiten, war nicht leicht; dies war praktisch ihr erster großer Film. Sie war eine wirklich eigentümliche Mischung aus Schüchternheit, Unsicherheit und – ich will nicht sagen Star-Allüren –, aber sagen wir, sie wußte ganz genau, wie sie auf Männer wirkte. Das ist alles. Gerade zu dieser Zeit passierte die Geschichte mit dem berühmten Kalender. Mir war es egal – was eine Frau mit sich anfängt, geht niemanden etwas an –, doch die Folge war, daß sie nun aufgrund ihrer Schüchternheit höllische Angst hatte, ins Studio zu kommen – sie war nie pünktlich. Ich weiß nicht, warum sie ihren Dialog nicht behalten konnte, doch ich kann all die Regisseure, die mit ihr zusammengearbeitet haben, sehr gut verstehen, wenn sie wütend wurden, denn sie war sicherlich dafür verantwortlich, wenn die Arbeit ins Stokken geriet. Aber sie war sehr gelehrig« (Peter Bogdanovich, *Fritz Lang in America*, London 1967).

WE'RE NOT MARRIED

Wir sind gar nicht verheiratet

David Wayne (Mitte), Marilyn Monroe und Partner

Marilyn Monroe und David Wayne

Regie Edmund Goulding. *Drehbuch* Nunnally Johnson, adaptiert von Dwight Teylor, nach einer Story von Gina Kaus und Jay Dratler. *Kamera* Leo Tover. *Musik* Cyril Mockridge. *Musikalische Leitung* Lionel Newman. *Bauten* Lyle Wheeler und Leland Fuller. *Schnitt* Louis Loeffler. *Kostüme* Elois Jenssen. *Darsteller* Ginger Rogers (Ramona), Fred Allen (Steve Gladwyn), Victor Moore (Friedensrichter Melvin Bush), Marilyn Monroe (Annabel Norris), David Wayne (Jeff Norris), Eve Arden (Katie Woodruff), Paul Douglas (Hector Woodruff), Eddie Bracken (Willie Fisher), Mitzi Gaynor (Patsy Fisher), Louis Calhern (Freddie Melrose), Zsa Zsa Gabor (Eve Melrose), James Gleason (Duffy), Paul Stewart (Staatsanwalt Stone), Jane Darwell (Mrs. Bush), Alan Bridge (Detektiv Magnus), Harry Golder (Radioansager), Victor Sutherland (Gouverneur Bush), Tom Powers (Generalstaatsanwalt), Maurice Cass (Organist), Maude Wallace (Autogrammjäger), Margie Liszt (Irene), Richard Buckley (Mr. Graves), Ralph Dumke (Twitchell), Lee Marvin (Pinky), Marjorie Weaver (Ruthie), O. Z. Whitehead (Briefträger), Harry Harvey (Ned), Selmer Jackson (Kaplan Hall). *Produktion* 20th Century-Fox (Nunnally Johnson). 86 Minuten. 1952.

Marilyn Monroe und David Wayne

Friedensrichter Melvin Bush schließt Ehen, obwohl seine Lizenz erst ein paar Tage später gültig wird. Er erfährt selbst erst nach zweieinhalb Jahren von seinem Fehler, und so werden an die betroffenen Paare Briefe verschickt. Fünf Ehepaare erhalten auf diese Weise plötzlich die Nachricht, daß sie gar nicht verheiratet sind und dies nie waren.

In Mississippi hat Annabel Norris gerade den Titel »Mrs. Mississippi« gewonnen und kandidiert damit für den »Mrs. Amerika«-Wettbewerb. Ihr Gatte Jeff beklagt, daß sie wegen ihrer Karriere ihre Pflichten als Hausfrau und Mutter vernachlässigt. Als sie den Brief bekommen, der ihnen eröffnet, daß sie vor dem Gesetz gar nicht verheiratet sind, ist Jeff erfreut, Annabels Manager Duffy dagegen ratlos. Annabel aber sieht darin die Möglichkeit, nun am »Miss Mississippi«-Wettbewerb teilnehmen zu können. Jeff gibt sich geschlagen, und er schaut später mit dem Baby zu, wie Annabel den Titel »Miss Mississippi« gewinnt. Die Episode schließt damit, daß sie zum zweiten Mal heiraten.

Die anderen vier Ehepaare, die den Brief bekommen, werden dargestellt von Ginger Rogers und Fred Allen, Paul Douglas und Eve Arden, Eddie Bracken und Mitzi Gaynor und Louis Calhern und Zsa Zsa Gabor.

Marilyns vierzehnter Film bot ihr erneut Gelegenheit, mit bekannten Schauspielern zusammenzuarbeiten. Später hat sie einen weiteren Episodenfilm für die Fox gemacht, *O. Henry's Full House*. »Nunally Johnson nimmt in *We're not Married* die Ehe auf die Schippe, und daran hat jeder sein Vergnügen.... Bei David Wayne und Marilyn Monroe (die aussieht, als habe Michelangelo sie aus einer Sahnetorte modelliert) geht es darum, daß der Ehemann, der die Küchenarbeit satt hat, von seiner Frau verlangt, sie solle ihre Karriere als Schönheitskönigin an den Nagel hängen und an den häuslichen Herd zurückkehren« (Otis L. Guernsey, *New York Herald Tribune*).

DON'T BOTHER TO KNOCK
Versuchung auf 809

Marilyn Monroe, Donna Corcoran und Jim Backus

Regie Roy Baker. *Drehbuch* Daniel Taradash, nach einem Roman von Charlotte Armstrong. *Kamera* Lucien Ballard. *Musikalische Leitung* Lionel Newman. *Schnitt* George A. Gittens. *Kostüme* Travilla. *Darsteller* Richard Widmark (Jed Towers), Marilyn Monroe (Nell), Anne Bancroft (Lyn Leslie), Donna Corcoran (Bunny), Jeanne Cagney (Rochelle), Lurene Tuttle (Mrs. Ruth Jones), Elisha Cook jr. (Eddie), Jim Backus (Peter Jones), Verna Felton (Mrs. Ballew), Willis B. Bouchey (Barmann), Don Beddoe (Mr. Ballew), Gloria Blondell (Fotografin), Grace Hayle (Mrs. McMurdock), Michael Ross (Pat), Eda Reis Merin (Stubenmädchen), Victor Perrin (Fahrstuhlführer), Dick Cogan (Pagenmeister), Robert Foulk (Portier), Olan Soule (Empfangschef), Emmett Vogan (Toastmeister). *Produktion* 20th Century-Fox (Julian Blaustein). 76 Minuten. 1952.

Der Flugkapitän Jed Towers steigt in New York in dem Hotel ab, in dem seine Freundin Lyn Leslie als Sängerin beschäftigt ist.

Als Lyn ihm eröffnet, sie wolle ihn nicht mehr sehen, weil er einen zu hartgesottenen Charakter habe, verzieht er sich schmollend auf sein Zimmer. Ein Mädchen, das am Fenster des Zimmers gegenüber erscheint, unterbricht sein Trübsalblasen. Da er mit seinem eigenen Mädchen Krach hat, beschließt er, hier seine Chancen zu testen. Wie sich herausstellt, ist der Name des Mädchens Nell, und es ist froh darüber, daß das langweilige Babysitten durch den netten Fremden eine Abwechslung erhält. Bald sind die beiden schon mehr als nur nett zueinander.

Als sie beim Küssen von dem plötzlichen Auftauchen des kleinen Mädchens, Bunny, gestört werden, braust Nell auf und schickt das weinende Mädchen zurück in sein Zimmer. Es scheint, als wäre Nell mittlerweile überzeugt, Jed sei ihr Verlobter, der im Krieg mit seinem Flug-

Anne Bancroft, Marilyn Monroe und Richard Widmark

Elisha Cook, jr. und Marilyn Monroe

zeug verschollen ist. Als Jed erkennt, daß Nell geistig verwirrt ist, erwacht sein Mitleid.

Dann werden sie durch ein Klopfen an der Tür gestört, und Nell läßt Jed sich im Badezimmer verstecken. Es ist Eddie, Nells Onkel, ein Fahrstuhlführer, der ihr auch den Job als Babysitter besorgt hat. Er begeht den Fehler, über Nells Verlobten eine Bemerkung zu machen, die sie so erregt, daß sie mit einem Aschenbecher auf ihn einschlägt. Der entsetzte Jed stürzt aus seinem Versteck, stellt aber erleichtert fest, daß Eddie nicht ernsthaft verletzt ist. Eine Frau erscheint an der Tür und verlangt eine Erklärung für all den Lärm. Mittlerweile möchte Jed so schnell wie möglich verschwinden, aber er muß erst noch dafür sorgen, daß es Bunny gutgeht. Nachdem er gesehen hat, daß sie im Bett liegt, und er Eddie das Versprechen abgenommen hat, nach dem Rechten zu sehen, verdrückt er sich.

Er trifft Lyn und erzählt ihr von Nell. Lyn ist überrascht von dem Mitleid, das er für das Mädchen zeigt. Plötzlich wird Jed klar, daß Bunny nicht in ihrem eigenen Bett lag, als er in das Zimmer sah, und er eilt zurück. Inzwischen hat sich Nell eingeredet, Bunny sei dafür verantwortlich, daß Jed gegangen ist, und sie beschließt, sich an dem Kind zu rächen. Als Jed die Szene betritt, ist Bunny gefesselt, und Bunnys Mutter kämpft mit Nell. Er trennt sie, und Nell flieht.

Eine Suche wird eingeleitet, und man findet Nell schließlich in der Nähe der Eingangshalle. Sie hält ein Rasiermesser in der Hand und will Selbstmord begehen. Als Jed dazukommt, hat sich eine Traube von Menschen um sie gebildet, und Lyn versucht, ihr ihre Absicht auszureden. Jed bittet Nell, ihm das Rasiermesser zu übergeben, und sie tut es bereitwillig. Es gelingt ihm auch, ihr klarzumachen, daß er nicht ihr Verlobter ist, und sie

Marilyn Monroe und Richard Widmark

Donna Corcoran
und
Marilyn Monroe

sieht langsam ein, daß ihr Verlobter tatsächlich tot ist. Polizisten nehmen sie in Gewahrsam, und sie folgt ihnen ohne Widerstand, denn Jed hat ihr versprochen, man werde sie in ein Krankenhaus bringen und ihr dort helfen.

Nachdem Nell abtransportiert ist, versöhnt sich Lyn wieder mit Jed, da sie erkannt hat, daß er doch zu Mitleid fähig ist und nicht der gefühllose Mann, für den sie ihn gehalten hatte.

In ihrem fünfzehnten Film spielte Marilyn zum ersten Mal eine ernste Hauptrolle. Es war keine leichte Aufgabe. Bisher hatte sie nur eine Reihe von kessen Blondinen gespielt, und daß sie nun plötzlich eine neurotische Person zu verkörpern hatte, war eine ziemliche Überraschung. Sie spielte die Rolle auf ihre Weise, und obwohl die Kritik über die Qualität ihrer Darstellung geteilter Ansicht war, fand sie doch vor der Mehrheit Anerkennung. Marilyn entschied sich anscheinend dafür, Nell als eine Person zu spielen, deren Gefühlsentwicklung gehemmt ist, was mit der Absicht des Drehbuchautors wohl übereinstimmte. »Mit *Don't Bother to Knock* hat man Marilyn Monroe in das tiefe Wasser des ernsten Dramas geworfen: Schwimme oder gehe unter! Eigentlich tut sie weder das eine noch das andere, sie hält sich allenfalls über Wasser. Bei ihrer Figur fällt ihr das nicht schwer, und was wäre besser als das? Zunächst bemüht sich Miss Monroe auf etwas gekünstelte Art, »nicht ganz da«-zusein. Die verträumte Monotonie, mit der sie sich mit fremden Leuten in einem Hotel von Manhattan über einen Babysitter-Job einig wird, könnte als Hinweis auf ihr beschränktes Talent gedeutet werden. Doch es stellt sich heraus, daß dies voreilig geurteilt wäre. Das Mädchen, das sie spielt, ist tatsächlich leicht geisteskrank ... Leute vom Fach mögen das eine oder andere an Miss Monroes Porträt einer Psychopathin bemängeln, aber ich fand sie überraschend gut, zumal, wenn man bedenkt, wie wenig Erfahrung sie im dramatischen Fach besaß und wie sehr sie bisher auf den Revuegirl-Typ festgelegt war. Vielleicht bin ich aber auch zu voreingenommen« (Archer Winston, *New York Post*).

MONKEY BUSINESS

Liebling, ich werde jünger

Cary Grant, Ginger Rogers, Marilyn Monroe und Partner

Regie Howard Hawks. *Drehbuch* Ben Hecht, Charles Lederer und I. A. L. Diamond, nach einer Story von Harry Segall. *Kamera* Milton Krasner. *Special-Effects* Ray Kellogg. *Musik* Leigh Harline. *Musikalische Leitung* Lionel Newman. *Arrangements* Earle Hagen. *Bauten* Lyle Wheeler und George Patrick. *Ausstattung* Thomas Little und Walter M. Scott. *Schnitt* William B. Murphy. *Kostüme* Travilla. *Maske* Ben Nye. *Darsteller* Cary Grant (Professor Barnaby Fulton), Ginger Rogers (Edwina Fulton), Charles Coburn (Oliver Oxley), Marilyn Monroe (Lois Laurel), Hugh Marlowe (Harvey Entwhistle), Henri Letondal (Siegfried Kitzel), Robert Cornthwaite (Dr. Zoldeck), Larry Keating (Mr. Culvery), Douglas Spencer (Dr. Brunner), Esther Dale (Mrs. Rhinelander), George Winslow (kleiner Indianer), Emett Lynn (Jimmy), Gil Stratton jr. (Yale Man), Harry Carey jr. (Reporter), Faire Binney (Matrone), Jerry Sheldon (Wachposten), Joseph Mell (Frisör), George Eldredge (Autoverkäufer), Heine Conklin (Maler), Kathleen Freeman (Schwester Brannigan), Mary Field (Verkäuferin im Schallplattengeschäft), Olan Soule (Hotelangestellter), John McKee (Fotograf), Billy McLean (Page), Olive Carey (Frau), Lee Aker (kleiner Junge), Linda Plowman (kleines Mädchen), Paul Maxey (Vorstandsmitglied), Bingo (Rudolph), Forbes Murray, Jerry Paris. *Produktion* 20th Century-Fox (Sol C. Siegel). 97 Minuten. 1952.

Dr. Barnaby Fulton, Chemiker in einem Forschungslabor, arbeitet an einem Experiment, bei dem es um ein Verjüngungsmittel geht.

Eines Tages bricht einer der Schimpansen, die als Versuchstiere dienen, aus seinem Käfig aus. Er mixt verschiedene chemische Lösungen und gießt die Mischung in die offene Schale eines Trinkwasserbehälters, der im Laboratorium steht. Die Flüssigkeit gelangt in das Wasser, als der Hausmeister eine neue Flasche aufsetzt. Fulton trinkt einen Schluck seiner jüngsten Formel, um die Wirkung zu testen, und spült mit etwas Wasser aus dem Behälter nach. Kurz darauf könnte er Bäume ausreißen und ahnt dabei nicht, daß es die Mixtur des Schimpansen ist, die ihm seine jugendliche Kraft zurückgegeben hat, und nicht seine eigene.

Als Fulton, der sich nun wie ein Primaner benimmt, das Gebäude verläßt,

Marilyn Monroe und Cary Grant

schickt ihm sein Chef, Oxley, seine Sekretärin Lois Laurel nach. Sie spürt ihn auf, aber er nimmt sie mit zum Schwimmen und Rollschuhlaufen und fährt sie in seinem neuen Auto spazieren – mit Höchstgeschwindigkeit. Die Wirkung des Trankes läßt nach, und seine Frau Edwina verzeiht ihm noch einmal seine Eskapaden.

Später nimmt Edwina in Fultons Labor ein wenig von der Formel ihres Mannes ein – und natürlich etwas Wasser aus dem Behälter. Augenblicklich führt sie sich auf wie ein junges Mädchen und verursacht fast einen Skandal, als sie ihren Mann zwingt, sich mit ihr zwecks zweiter Flitterwochen in ein Hotel einzumieten. Sobald die Wirkung sich verflüchtigt, ist auch Edwina wieder normal.

Doch Fulton und Edwina benutzen das Wasser aus dem Behälter zum Kaffeekochen, ohne zu ahnen, daß darin ja von Anfang an das Verjüngungsmittel enthalten war. Diesmal verwandeln sich beide, und sie werden noch jünger als beim ersten Mal. Sie toben herum wie ausgelassene

87

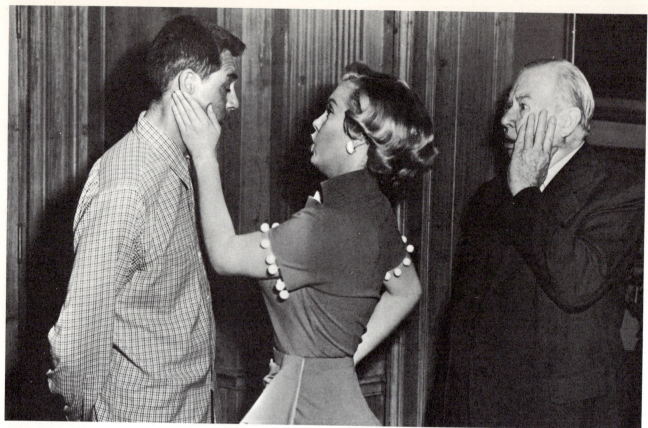

Cary Grant, Marilyn Monroe und Charles Coburn

Marilyn Monroe, Cary Grant und Charles Coburn

Cary Grant und Marilyn Monroe

Ginger Rogers, Cary Grant, Marilyn Monroe und Partner

Kinder, verwandeln eine Direktorenversammlung in ein Schlachtfeld und laufen dann nach Hause. Dort trommelt Fulton ein paar Kinder aus der Nachbarschaft zusammen, die Edwinas alte Flamme Harvey Entwhistle an einen Baum binden, während er selbst ihm die Haare ausrupft.

Inzwischen ist Edwina auf ihrem Bett zu Hause eingeschlafen. Während sie schläft, krabbelt ein Nachbarsbaby ins Zimmer. Sie erwacht, ist wieder normal, entdeckt das Baby und befürchtet das Schlimmste. In der Annahme, daß es sich um ihren Gatten handelt, eilt sie zu Oxley. Doch Fulton ist wieder im Labor, wo er eingeschlafen war. Als er aufwacht, ist auch er wieder normal.

Oxley und seine Direktorenversammlung haben ebenfalls aus dem Wasserbehälter getrunken – mit verheerenden Folgen. Sie benehmen sich allesamt wie Kinder, und Oxley rennt sogar hinter Miss Laurel her und bespritzt sie mit Selterswasser. Doch auch die Herrschaften kommen schließlich wieder zu sich.

Fulton und Edwina sind erleichtert, daß es ihm nun doch nicht gelungen ist, die perfekte Formel zu finden, denn sie haben erlebt, wie riskant es sein kann, für kurze Zeit wieder jung zu sein. Fulton muß lachen, als er sieht, wie Oxley versucht, den Affen dazu zu bringen, eine neue Mixtur zusammenzustellen.

Marilyns sechzehnter Film markiert ihre erste Begegnung mit Howard Hawks, der ihr ein Jahr später die Hauptrolle in *Gentlemen Prefer Blondes* verschaffte. Hawks über Marilyn: »Sie war eine geborene Schauspielerin, außerhalb des Metiers verlor sie jeden Sinn für Realität. ... Es wäre aber sehr schwierig, die Rolle der Monroe in einem Film von einer anderen Schauspielerin darstellen zu lassen; man müßte dazu jemanden haben, der diese Qualitäten hat, über die sie verfügte, dieses ›wie aus einem Märchen entstiegen‹ ... Meiner Meinung nach war Marilyn Monroe niemals wirklich real, und die große Komödie ist komplett irreal. Marilyn hatte zuvor Filme gemacht, in denen ihr Spiel realistisch war. Das war nicht gut. Nur in ihren irrealen Komödien, angefangen mit *Monkey Business*, hatte sie Erfolg. Und drum, sehen Sie, wäre es gefährlich, einen Film über die Monroe oder auch über die Lombard zu machen, denn diese beiden hatten sehr klare, sehr geprägte Persönlichkeiten. Die Monroe kam ins Atelier, setzte sich hin, und keiner beachtete sie, selbst wenn sie wer-weiß-was anhatte. Aber wenn es hieß ›Action!‹, dann war sie sofort da, und dann liebten die Leute das, was sie machte. Wie soll man das aus irgend jemandem sonst herausholen? Das ist eine Qualität, die nur sehr schwer zu bekommen ist« (zitiert nach: Joe Hembus, *Marilyn Monroe*, München 1973). »Marilyn Monroe, die von Grant als ›noch halb ein Kind‹ beschrieben wird (worauf Rogers kontert: ›Aber nicht die sichtbare Hälfte!‹), hat etwas in ihrer Haltung und in ihrem Gang, das suggestiv genannt werden muß. Was sie suggeriert, ist etwas, um das es in diesem Film die meiste Zeit geht, mit oder ohne Verjüngung« (Archer Winsten, *New York Post*).

Cary Grant, Marilyn Monroe und Partner

O. Henry's Full House
Vier Perlen

Marilyn Monroe und Charles Laughton

Marilyn Monroe und Charles Laughton

The Cop and the Anthem: *Regie* Henry Koster. *Drehbuch* Lamar Trotti, nach der Kurzgeschichte von O. Henry. *Kamera* Lloyd Ahern. *Schnitt* Nick De Maggio. *Darsteller* Charles Laughton (Soapy), Marilyn Monroe (das Straßenmädchen), David Wayne (Horace), Thomas Browne Henry (Manager), Richard Karlan (Oberkellner), Erno Verebes (Kellner), Nico Lek (Eigentümer), William Vedder (Richter), Billy Wayne (Passant). 19 Minuten. **The Clarion Call:** *Regie* Henry Hathaway. *Drehbuch* Richard Breen, nach der Kurzgeschichte von O. Henry. *Kamera* Lucien Ballard. *Schnitt* Nick De Maggio. *Darsteller* Dale Robertson, Richard Widmark, Joyce Mackenzie. **The Last Leaf:** *Regie* Jean Negulesco. *Drehbuch* Ivan Goff und Ben Roberts, nach der Kurzgeschichte von O. Henry. *Kamera* Lucien Ballard. *Schnitt* Nick De Maggio. *Darsteller* Anne Baxter, Jean Peters, Gregory Ratoff. **The Ransom of Red Chief:** *Regie* Howard Hawks. *Drehbuch* Nunnally Johnson, nach der Kurzgeschichte von O. Henry. *Kamera* Milton Krasner. *Schnitt* William B. Murphy. *Darsteller* Fred Allen, Oscar Levant, Lee Aaker. **The Gift of the Magi:** *Regie* Henry King. *Drehbuch* Walter Bullock, nach der Kurzgeschichte von O. Henry. *Kamera* Joe MacDonald. *Schnitt* Barbara MacLean. *Darsteller* Jeanne Crain, Farley Granger, Sig Ruman. *Musik sämtlicher Episoden* Alfred Newman. *Produktion* 20th Century-Fox (André Hakim). 1952.

The Cop and the Anthem: Soapy ist ein Stadtstreicher, doch ein höchst eleganter mit besten Manieren. Er verrät Horace, einem anderen Stromer, daß er vorhat, sich für ein kleines Vergehen verhaften zu lassen, um dann die bevorstehenden Wintermonate im warmen Gefängnis zu verbringen. Alle seine Versuche, diesen Plan zu verwirklichen, schlagen jedoch fehl. Er drängt sich sogar einer Dame auf der Straße auf und hofft, daß diese die Polizei zu Hilfe ruft; doch als er erkennt, daß sie berufsmäßig an der Straße steht, ist er derjenige, der davonläuft.

Als Soapy und sein Freund aus einer Kirche Musik hören, beschließen sie hineinzugehen, um sich aufzuwärmen. Drinnen beginnt Soapy, über sein Leben nachzudenken, und er nimmt sich vor, sich Arbeit zu suchen und seßhaft zu werden. Er ist so damit beschäftigt, sich sein neues Leben vorzustellen, daß er nicht bemerkt, wie ein Polizist das Pärchen aufs Korn nimmt. Sein Kompan entkommt, Soapy aber wird wegen Landstreicherei festgenommen und vom Richter zu neun-

Marilyn Monroe und Charles Laughton

Marilyn Monroe und Charles Laughton

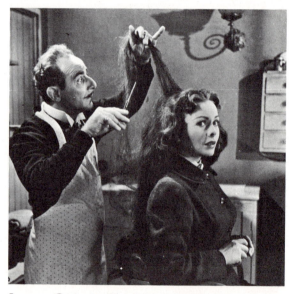

Jeanne Crain und Farley Granger in *The Gift of the Magi*

Jeanne Crain in *The Gift of the Magi*

Dale Robertson und Richard Widmark in *The Clarion Call*

Anne Baxter in *The Last Leaf*

Kathleen Freeman, Fred Allen
und Oscar Levant in
The Ransom of Red Chief

Lee Asker, Oscar Levant
und Fred Allan in
The Ransom of Red Chief

zig Tagen Gefängnis verurteilt. Damit sind seine Vorsätze, ein neues Leben zu beginnen, geplatzt.

Anders als bei *We're not Married*, der fünf Geschichten innerhalb einer Rahmenhandlung enthielt, haben die Episoden in Marilyns siebzehntem Film inhaltlich nichts miteinander zu tun. In der deutschen Fassung *Vier Perlen* ist die Episode von Howard Hawks nicht enthalten. »Will man eine Rangfolge aufstellen, so schneidet Charles Laughton in *The Cop and the Anthem* sicher am besten ab. Seine Rolle soll das Publikum zum Lachen bringen, und er erreicht damit durchaus den hohen Standard seines Witzes.... Marilyn Monroe ist wieder so honigsüß wie schon in *The Asphalt Jungle* und spielt hier ein erstaunlich wohlproportioniertes Straßenmädchen« (Archer Winston, *New York Post*).

95

NIAGARA
Niagara

Regie Henry Hathaway. *Drehbuch* Charles Brackett, Walter Reisch und Richard Breen. *Kamera* (Technicolor) Joe MacDonald. *Special Effects* Ray Kellogg. *Musik* Sol Kaplan. *Bauten* Lyle Wheeler und Maurice Ransford. *Schnitt* Barbara MacLean. *Kostüme* Dorothy Jeakins. *Regieassistenz* Gerd Oswald. *Darsteller* Marilyn Monroe (Rose Loomis), Joseph Cotten (George Loomis), Jean Peters (Polly Cutler), Casey Adams (Ray Cutler), Denis O'Dea (Inspektor Starkey), Richard Allan (Patrick), Don Wilson (Mr. Kettering), Lurene Tuttle (Mrs. Kettering), Russell Collins (Mr. Qua), Will Wright (Bootsmann), Lester Matthews (Arzt), Carleton Young (Polizist), Sean McClory (Sam), Minerva Urecal (Wirtin), Nini Varela (Ehefrau), Tom Reynolds (Ehemann), Winfield Hoeny (Vorarbeiter), Neil Fitzgerald (kanadischer Zollbeamter), Norman McKay (Morris), Gene Baxter (amerikanischer Fremdenführer), George Ives (Führer im Carillon Tower), Patrick O'Moore (Detektiv). *Produktion* 20th Century-Fox (Charles Brackett). 89 Minuten. 1953.

Marilyn Monroe und Joseph Cotten

Marilyn Monroe, Jean Peters und Casey Adams

Ray Cutler und seine Frau Polly verbringen auf der kanadischen Seite der Niagarafälle ihre Flitterwochen. Zu den Gästen des Motels, in dem sie sich einquartiert haben, gehören auch George Loomis und dessen Frau Rose.

Als sie die Wasserfälle besichtigen, sieht Polly, wie Rose den jungen Ted Patrick küßt. Sie behält ihre Beobachtung für sich, und auch als Loomis ihr anvertraut, er vermute, daß sich seine Frau mit jemandem treffe, sagt sie nichts. Rose und Ted wollen Loomis aus dem Weg räumen. Ted soll Loomis umbringen und es nach einem Unfall aussehen lassen.

Loomis wird kurz darauf vermißt, und Rose benachrichtigt die Polizei. Als man sie eine Leiche identifizieren läßt, bricht sie zusammen und wird in ein Krankenhaus gebracht. Polly begegnet Loomis im Motel, doch ihr Mann glaubt, das habe sie sich nur eingebildet. Später sieht sie ihn auch an den Fällen, die sie und Ray mit Freunden erneut besucht haben. Plötzlich ist sie mit Loomis allein. Sie ist gelähmt vor Entsetzen, da sie annimmt, er werde sie umbringen. Doch er hilft ihr und rettet sie vor einem gefährlichen Absturz. Er sagt, er habe Ted in Notwehr getötet, wolle nun versuchen, über die Sache hinwegzukommen, und er werde Rose nie mehr wiedersehen. Obwohl Polly es ihm nicht verspricht, erzählt sie später nichts von diesem Gespräch.

Rose flieht aus dem Krankenhaus, wo man sie mit Beruhigungsmitteln versorgt hatte. Loomis entdeckt sie, folgt ihr bis in den Glockenturm des Carillon Tower und erwürgt sie dort.

Als Polly mit ihrem Mann und Freunden ein Picknick unternimmt und mit einem Boot Proviant holen will, stößt sie erneut auf Loomis, der auf der Flucht vor der Polizei ist. Da sie sich weigert, aus dem Boot auszusteigen, wirft er den Motor an, und sie sausen über das Wasser.

Das Boot nähert sich den Wasserfällen, und beiden wird klar, daß sie nur noch Sekunden vom Tode trennen. Loomis will nicht für Pollys Tod verantwortlich sein, und als sie an einen Felsen kommen, der aus dem Wasser ragt, gelingt es ihm, sie dort abzusetzen. Während sie sich in Sicherheit bringt, wird das Boot über den Rand des Wasserfalles in die Tiefe gezogen. Loomis fällt in den Tod. Ein Hubschrauber befreit Polly aus ihrer prekären Lage.

Marilyns achtzehnter Film bedeutet für sie den Beginn einer neuen Karriere. Von nun an war sie wirklich und wahrhaftig ein Star. Die Leute strömten in die Kinos,

Marilyn Monroe und Partner

Richard Allen und Marilyn Monroe

Joseph Cotten und Marilyn Monroe

um sie zu sehen. Man kann wirklich sagen, daß das Publikum aus Marilyn einen Star gemacht hatte. Einige Stars werden fabriziert, indem die Studios sie von Anfang an mit sorgfältig ausgesuchten Filmen und maßgeschneiderten Rollen aufbauen. Marilyns Persönlichkeit und Schönheit zogen die Aufmerksamkeit des Publikums auf sich und bewirkten, daß die Zuschauer ihr zum Starruhm verhalfen: Sie wollten einfach mehr von ihr sehen. Marilyn sang ein Lied in diesem Film, *Kiss* von Lionel Newman und Haven Gillespie.

»Twentieth Century-Fox schert sich offenbar nicht darum, daß es nur sieben Weltwunder gibt, denn sie hat zwei weitere entdeckt und stellt diese in Technicolor in dem Film *Niagara* vor.

Die Produzenten machen nämlich sowohl von der Pracht der Wasserfälle und der umliegenden Landschaft als auch von der Pracht mit Namen Marilyn Monroe optimalen Gebrauch. Die Aussicht ist in beiden Fällen atemberaubend. Und wenn einer bemängeln wollte, daß das Melodram, in das die Wasserfälle und Miss Monroe verstrickt werden, doch wohl nicht gerade von der spektakulären Sorte ist, so hätte er da völlig recht.

Aus welchem Blickwinkel man sie auch betrachtet – die Fälle und Miss Monroe lassen einem einigermaßen aufmerksamen Zuschauer sicher nichts zu wünschen übrig. . . . Vielleicht ist Miss Monroe für diesen Punkt als Schauspielerin nicht perfekt genug. Doch weder den Regisseur noch die Kameramänner scheint das gestört zu haben. Ob Nachthemd oder nicht minder gewagtes enges Kleid – ihnen ist keine Kurve entgangen. Und sie haben recht anschaulich verdeutlicht, wie verführerisch sie sein kann – selbst beim Gehen« (A. H. Weiler, *New York Times*).

Joseph Cotten und Marilyn Monroe

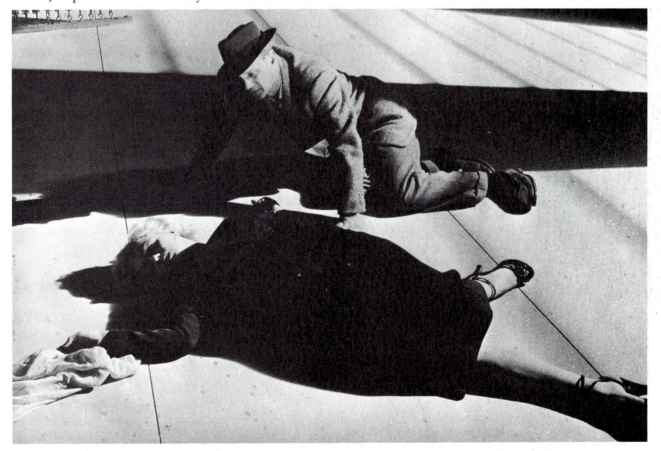

Gentlemen Prefer Blondes
Blondinen bevorzugt

Jane Russell und Marilyn Monroe

Regie Howard Hawks. *Drehbuch* Charles Lederer, nach dem Bühnenstück von Anita Loos und Joseph Fields. *Kamera* (Technicolor) Harry J. Wild. *Special Effects* Ray Kellogg. *Musikalische Leitung* Lionel Newman. *Bauten* Lyle Wheeler und Joseph C. Wright. *Ausstattung* Claude Carpenter. *Schnitt* Hugh S. Fowler. *Kostüme* Travilla. *Maske* Ben Nye. *Choreographie* Jack Cole. *Regieassistenz* Paul Helmick. *Darsteller* Jane Russell (Dorothy), Marilyn Monroe (Lorelei), Charles Coburn (Sir Francis Beekman), Elliott Reid (Malone), Tommy Noonan (Gus Esmond), George Winslow (Henry Spofford III), Marcel Dalio (Magistrat), Taylor Holmes (Esmond Senior), Norma Varden (Lady Beekman), Howard Wendell (Watson), Steven Geray (Hoteldirektor), Henri Letondal (Grotier), Leo Mostovoy (Philippe), Alex Frazer (Pritchard), George Davis (Taxifahrer), Alphonse Martell (Oberkellner), Jimmie & Freddie Moultrie (farbige Tänzer), Jean de Briac, George Dee, Peter Camlin (Gendarmen), Harry Carey jr. (Winslow), Jean Del Val (Kapitän), Ray Montgomery (Peters), Alvy Moore (Anderson, ein Athlet), Robert Nichols (Evans, ein Athlet), Charles Tannen (Ed), Jimmy Young (Stevens), Charles de Ravenne (Kommissar), John Close (Trainer), Philip Sylvestre (Stewart), William Cabanne (Sims), Jack Chefe (Eigentümer), John Hedloe (Athlet), Alfred Paix (Pierre), Max Willenz (Gerichtsschreiber), Rolfe Sedan (Kellner), Robert Foulk, Ralph Peters (Zollbeamte), Robert Fuller (Mann), Harry Seymour (Oberkellner), George Chakiris (Tänzer bei *Diamonds*), Jamie Russell (Athlet), Matt Mattox, Ralph Beaumont (Tänzer), Major Sam Harris (alter Mann). *Produktion* 20th Century-Fox (Sol. C. Siegel). 91 Minuten. 1953.

Dorothy und Lorelei arbeiten zusammen im Showgeschäft und sind auch privat gute Freunde. Lorelei ist mit dem reichen Gus Esmond verlobt. Die beiden Mädchen begeben sich an Bord der *Ile de France*, die sie nach Paris bringen wird. Sie haben einen Kreditbrief dabei, den Gus Lorelei ausgestellt hat. Er erwartet sie in Paris und will sie dort heiraten.

Gus' Vater glaubt, daß Lorelei hinter Gus nur wegen seines Geldes her ist, und er engagiert den Privatdetektiv Malone, der sie während der Überfahrt im Auge behalten soll. Als die drei sich kennenlernen, verliebt sich Dorothy in Malone. Lorelei bedauert das, denn sie kann nicht verstehen, wieso Dorothy Männer mit Geld kaltlassen. Lorelei entdeckt auf der Passagierliste den Namen Henry Spofford III und ist überzeugt, in ihm den richtigen Mann für Dorothy gefunden zu haben. Ihr Vorhaben platzt aber, als sich herausstellt, daß Spofford noch ein Kind ist. Das gesamte olympische Team der USA und andere Männer wetteifern um die Gunst der beiden hübschen Mädchen, allerdings ohne nennenswerten Erfolg.

Lorelei lernt an Bord auch Sir Francis Beekman kennen, der mit Diamanten handelt. Als Beekman Lorelei vormacht, wie die Python eine Ziege umschlingt, hält Malone das mit seinem Fotoapparat fest. Dabei wird er aber von Dorothy beobachtet. Sie und Lorelei betäuben ihn und nehmen ihm das Foto wieder ab. Beekman, der von der Sache erfährt, schenkt Lorelei zum Dank die Diamanten-Tiara seiner Frau. Malone wird klar, daß das Spiel für ihn gelaufen ist und er Dorothy verloren hat. Er beschafft anderes, eigentlich harmloses »Belastungsmaterial«, mit dem es Gus' Vater gelingt, Gus von der Heirat abzubringen.

Als das Schiff in Paris ankommt, müssen Dorothy und Lorelei erfahren, daß Gus ihren Kredit gestoppt hat und daß Lady Beekman ihre Tiara zurückverlangt. Dorothy und Lorelei finden ein Engagement in einem Nachtlokal, wo Gus sie aufstöbert. Die Mädchen wissen, daß Lady Beekman Lorelei als Diebin angezeigt hat. Als sie feststellen, daß die Tiara verschwunden ist, setzt sich Dorothy eine blonde Perücke auf und nimmt, während Lorelei Gus bearbeitet, ihren Platz vor Gericht ein. Malone erfährt, daß Beekman selbst der Dieb ist, und findet die Tiara. Er präsentiert sie dem Richter, und die Anklage wird fallengelassen. Dorothy versöhnt sich wegen dieser Tat wieder mit Malone, und Lorelei kann nicht nur Gus, sondern auch dessen Vater von ihrer Unschuld überzeugen. So gibt es eine Doppelhochzeit: Lorelei heiratet Gus, und Dorothy heiratet Malone.

Marilyns neunzehnter Film wurde zu einem der Musical-Klassiker der fünfziger Jahre. Sie und Jane Russell wurden im Verlauf der Dreharbeiten zu diesem Film

Marilyn Monroe, Jane Russell und Tommy Noonan

Marilyn Monroe und Jane Russell

gute Freunde, was sich auch in ihrem Spiel niederschlägt. Es herrschte perfekte Harmonie zwischen ihnen, und keine versuchte, der anderen die Schau zu stehlen. Marilyn hatte in keinem ihrer bisherigen Filme übermäßig viel gesungen oder getanzt. Und doch interpretierte sie in diesem ihrem ersten Musical – wie auch in ihren späteren Filmen – alle ihre Lieder selbst.

Zusammen mit Jane Russell sang Marilyn *Two Little Girls from Little Rock* von Jule Styne und Leo Robin und *When Love Goes Wrong* von Hoagy Carmichael und Harold Adamson. Jede von ihnen lieferte ihre Version von *Bye Bye Baby* von Jule Styne und Leo Robin. Marilyns große Solonummer war *Diamonds Are a Girl's Best Friend* von Jule Styne und Leo Robin. Damit brachte Marilyn die Leinwand zum Schmelzen. In der Gerichtsszene, in der Jane so tut, als sei sie Lorelei, bringt auch sie einige Takte dieses Titels. Erwähnen sollten wir an dieser Stelle auf jeden Fall noch Janes glänzende Interpretation ihrer Solonummer *Ain't There Anyone Here for Love?* von Hoagy Carmichael und Harold Adamson.

»Mit Marilyn Monroe und Jane Russell, die in dieser knallbunten Technicolor-Produktion alles zum Beben bringen,

Marilyn Monroe, George Winslow und Partner

Jane Russell, Marilyn Monroe und Elliott Reed

macht die Filmversion von *Gentlemen Prefer Blondes* das heiße Wetter noch heißer. Ein Film, in dem diese beiden strahlenden Pin-up-Girls gemeinsam auftreten, ist wie der doppelte Einsatz bei einer totsicheren Wette, und man wird denn auch mit einem gewaltigen Musical belohnt. Um die Mädchen herum gibt es Männer und Musik, und Regisseur Howard Hawks hat dafür gesorgt, daß in ihrem Gang das gewisse Etwas nicht fehlt. Ob sie nun singen, tanzen oder nur einfach Diamanten anstarren – diese Mädchen sind unwiderstehlich, und ihr Musical ist so sprühend wie ein Feuerwerk. ... Miss Monroe sieht mal wieder so aus, als würde sie im Dunkeln leuchten, und ihre Darstellung der Blondine mit dem Unschuldsgesicht, deren Augen sich bei Diamanten weit öffnen und beim Küssen schließen, bringt einen nicht nur zum Lachen, sondern auch ganz schön zum Schwitzen. Miss Russell ist eine Juno in Nylonstrümpfen und hat den Bogen raus, mit unbeweglicher Miene sarkastische Spitzen zu verteilen. Sowohl bei den Songs als auch bei der Männerjagd arbeiten sie großartig zusammen. Miss Russell durchmißt mit langen Schritten das Parkett, während Miss Monroe lässig dahinschlendert, doch irgendwie gefallen sie immer gleich gut« (Otis Guernsey jr., *New York Herald Tribune*).

Jane Russell und
Marilyn Monroe

HOW TO MARRY A MILLIONAIRE
Wie angelt man sich einen Millionär?

Lauren Bacall und Marilyn Monroe

Marilyn Monroe und David Wayne

Cameron Mitchell, Marilyn Monroe,
Betty Grable und Lauren Bacall

Regie Jean Negulesco. *Drehbuch* Nunnally Johnsohn, nach den Bühnenstücken *The Greek Had a Word for it* von Zoe Akins und *Loco* von Dale Eunsor und Katherine Albert. *Kamera* (Technicolor, Cinemascope) Joe MacDonald. *Musik* Alfred Newman und Cyril Mockridge. *Schnitt* Louis Loeffler. *Kostüme* Travilla. *Darsteller* Marilyn Monroe (Pola), Betty Grable (Loco), Lauren Bacall (Schatze), David Wayne (Freddie Denmark), Rory Calhoun (Eben), Cameron Mitchell (Tom Brookman), Alex D'Arcy (J. Stewart Merrill), Fred Clark (Waldo Brewster), William Powell (J. D. Hanley), Percy Helton (Benton), Robert Adler (Taxifahrer), George Dunn, Harry Carter, Tudor Owen, Maurice Marsac, Emmett Vogan, Hermine Sterler, Abney Mott, Rankin Mansfield, Ralph Reid, Jan Arvan, Ivis Goulding, Dayton Lummis, Van Des Autels, Eric Wilton, Ivan Triesault, Herbert Deans, George Saurel, Hope Landin, Tom Greenway, Charlotte Austin, Merry Anders, Ruth Hall, Jane Liddell, Beryl McCutcheon, Lida Thomas, James Stone, Tom Martin. *Produktion* 20th Century-Fox (Nunnally Johnson). 95 Minuten. 1953.

Drei Mannequins, Pola Debevoise, Loco Dempsey und Schatze Page, werfen ihre Ersparnisse zusammen und mieten ein teures Penthouse-Apartment in New York. Jedes der Mädchen hofft, sich einen Millionär zu angeln.

Tom Brookman, der Loco eines Tages ihre Einkaufstüten tragen hilft, begegnet Schatze und verliebt sich in sie. Sie aber verschmäht ihn, da sie annimmt, er sei arm. Niemand ahnt, daß er in Wahrheit Millionär ist. Als die Mädchen fast pleite sind, stellt Loco ihnen den Ölmagnaten J. D. Hanley vor, der sich schon bald für Schatze interessiert.

Loco begleitet den wohlhabenden, aber verheirateten Waldo Brewster nach Maine. In seiner Berghütte stellt sie rasch fest, daß sie mit ihm wohl allein bleiben wird. Sie will sofort wieder zurück nach New York, bekommt aber die Masern. Ein Forstaufseher namens Eben tritt in ihr Leben, und sie verlieben sich.

Pola macht sich auf, um in Atlantic City J. Stewart Merrill zu treffen, der sie, wie sie glaubt, seiner Mutter vorstellen will. Doch weil sie in der Öffentlichkeit nie ihre Brille trägt (sie ist extrem kurzsichtig), steigt sie in das falsche Flugzeug. An Bord lernt sie Freddie Denmark, den Vermieter ihres Penthouse-Apartments, kennen. Dieser ist auf der Suche nach seinem Steuerbuchhalter, der schuld daran ist, daß das Finanzamt ihm im Nacken sitzt.

Schatze, die allein und ohne Geld zurückgeblieben ist, entschließt sich, den reichen Hanley zu heiraten. Am Tag der Hochzeit erscheint auch Loco mit Eben auf der Bildfläche, und Pola bringt den reichlich ramponierten Freddie mit. Nach einem Kampf hat er seinen allzu großzügi-

William Powell, Marilyn Monroe
und Lauren Bacall

Marilyn Monroe und Alex D'Arcy

Marilyn Monroe, Betty Grable, Lauren Bacall und Partnerinnen

Alex D'Arcy, Marylin Monroe und Partner

Betty Grable, Rory Calhoun, Lauren Bacall, Cameron Mitchell, Marilyn Monroe und David Wayne

Marilyn Monroe, Betty Grable,
William Powell und Partner

Lauren Bacall, David Wayne
und Marilyn Monroe

gen Buchhalter den Behörden übergeben und dann Pola geheiratet.

Auch Tom Brookman ist anwesend, und Hanley spürt, daß dies der Mann ist, den Schatze wirklich liebt. Die Hochzeit wird abgeblasen, als Schatze sich entscheidet, Liebe doch über Geld zu stellen. Die drei Paare gehen zusammen essen, und alle fallen in Ohnmacht, als Tom ein dickes Bündel Geldscheine aus der Tasche zieht, um die Rechnung zu bezahlen.

Marilyns zwanzigster Film war ihr erster in Cinemascope. Übrigens war dies erst der zweite Cinemascope-Film überhaupt (der erste war *The Robe*). Marilyn spielte hier neben Betty Grable, die jahrelang der führende weibliche Star der Fox gewesen war. Wer gedacht hatte, hier würden Funken sprühen, sah sich getäuscht, denn Marilyn und Betty verstanden sich großartig. David Wayne trat in diesem Film zum letzten Mal an Marilyns Seite auf. Er hat vier Filme mit ihr gemacht und war damit öfter als irgendein anderer Schauspieler ihr Partner.

»Die große Frage ›Wie macht sich Marilyn Monroe auf der Großbild-Leinwand?‹ ist leicht beantwortet. Wer darauf besteht, in der ersten Reihe zu sitzen, fühlt sich wahrscheinlich wie in der Sauna. Von jedem normalen Sitzplatz aus betrachtet, sind ihre rasanten Proportionen jedoch so attraktiv wie immer, und ihre Leistung als Komikerin ist von der gleichen Klasse wie ihr Aussehen. Als kurzsichtiges Geschöpf, das in Gegenwart von Männern ihre Brille nicht tragen will, rennt sie Möbel um und hält Bücher verkehrt herum, aber all das auf eine so aufreizende Weise, daß es fast die Leinwand zum Schmelzen bringt« (Otis L. Guernsey jr., *New York Herald Tribune*).

RIVER OF NO RETURN
Fluß ohne Wiederkehr

Tommy Rettig, Marilyn Monroe und Robert Mitchum

Regie Otto Preminger. *Drehbuch* Frank Fenton, nach einer Story von Louis Lantz. *Kamera* (Technicolor, Cinemascope) Joseph LaShelle. *Special Effects* Ray Kellogg. *Musik* Cyril Mockridge. *Musikalische Leitung* Lionel Newman. *Arrangements* Edward Powell. *Bauten* Lyle Wheeler und Addison Hehr. *Ausstattung* Walter M. Scott und Chester Bayhi. *Schnitt* Louis Loeffler. *Ton* Bernard Fredricks und Roger Heman. *Kostüme* Travilla. *Maske* Ben Nye. *Garderobe* Charles Le Maire. *Choreographie* Jack Cole. *Regieassistenz* Paul Helmick. *Darsteller* Robert Mitchum (Matt Calder), Marilyn Monroe (Kay Weston), Rory Calhoun (Harry Weston), Tommy Rettig (Mark), Murvyn Vye (Colby), Douglas Spencer (Benson), Ed Hinton (Spieler), Don Beddoe (Ben), Claire André (Surrey Driver), Jack Mather (Croupier), Edmund Cobb (Barbier), Will Wright (Händler), Jarma Lewis (Tänzerin), Hal Baylor (Rowdy), Arthur Shields (der Geistliche), John Doucette (Zuschauer im Black Nugget). *Produktion* 20th Century-Fox (Stanley Rubin). 91 Minuten. 1954.

Der Nordwesten der USA im Jahre 1875. Witwer Matt Calder kommt in die Stadt, wo sein zehnjähriger Sohn Mark auf ihn wartet. Calder hat gerade eine Gefängnisstrafe abgebüßt. Um einem Freund das Leben zu retten, war er gezwungen gewesen, einen Mann von hinten zu erschießen. Nun hat er eine Farm gekauft, auf der er mit seinem Sohn in Frieden leben will.

Während er auf seinen Vater wartete, hat Mark die Bekanntschaft von Kay, einer Saloon-Sängerin, gemacht. Calder bedankt sich bei Kay für ihre Freundlichkeit gegenüber dem Jungen, und Vater und Sohn machen sich auf den Weg zu ihrer Farm.

Eines Tages sieht Calder, wie Kay und der Spieler Harry Weston bei einer Floßfahrt auf dem Fluß, der in der Nähe seines Hauses vorbeifließt, in Schwierigkeiten geraten. Er hilft ihnen, sich an Land zu retten, und erfährt, daß Weston es eilig hat, in die Stadt zu kommen, um einen Gold-Claim anzumelden. Dabei geht er

Rory Calhoun und Marilyn Monroe

sogar so weit, das einzige Pferd seines Lebensretters zu stehlen, sein Mädchen zurückzulassen und einfach davonzureiten.

Das Schicksal derer, die er im Stich gelassen hat, ist um so ungewisser, als die Farm jeden Augenblick von kriegerischen Indianern angegriffen werden kann. Die einzige Möglichkeit, in die Stadt zu kommen, ist der Fluß, und so besteigen Calder, Kay und Mark das Floß. Calder ist entschlossen, sich an Weston dafür zu rächen, daß er sie trotz des drohenden Indianerangriffs zurückgelassen hat. Kay weiß das und erwähnt im Zorn Calders Gefängnisstrafe. Mark ist erschüttert und weigert sich, den Erklärungen seines Vaters, wie es zu dem tödlichen Schuß kam, zu glauben.

Im Verlaufe ihrer Fahrt den Fluß hinab drohen den dreien Gefahren durch Banditen, Indianer und den tückischen Strom. Kay spürt, wie sie sich in Calder verliebt, den sie als den verantwortungsbewußten und selbstlosen Mann erkennt, der er ist. Nachdem sie das Floß erfolgreich durch den reißenden Strom gesteuert haben, erreichen sie endlich die Stadt.

Kay macht sich auf die Suche nach Weston und bittet ihn, sich nicht mit Calder zu schießen. Sie weigert sich jedoch, zu Weston zurückzukehren. Dieser entdeckt Calder und feuert auf ihn, obwohl er unbewaffnet ist. Kay versucht, Weston aufzuhalten, doch er stößt sie beiseite. Mark sieht, was vor sich geht, und ist gezwungen, Weston in den Rücken zu schießen.

Auf diese Weise lernt er auch zu begreifen, wie es damals war, als sein Vater gezwungen war zu schießen.

Es gibt jedoch noch immer einen Haufen Mißverständnisse zwischen Kay und Calder, und Kay läßt sich im Saloon als Sängerin einstellen. Aber Calder hat andere Pläne. Er geht während eines Auftritts auf sie zu und trägt sie davon. Damit ist Kay überredet, ein neues Leben mit Calder und Mark zu beginnen.

Es war unvermeidlich, daß Marilyn auch einmal in einem Western zu sehen sein würde. In ihrem einundzwanzigsten Film hatte sie gegen eine wunderschöne Landschaft anzutreten – eine Konkurrenz, der sie gewachsen war. Marilyn sang in

Marilyn Monroe und Robert Mitchum

Robert Mitchum, Marilyn Monroe und Tommy Rettig

Robert Mitchum, Tommy Rettig und Marilyn Monroe

Robert Mitchum und Marilyn Monroe

diesem Film vier Lieder: *The River of no Return*, *I'm Gonna File My Claim*, *One Silver Dollar* und *Down in the Meadow*, alle von Ken Darby und Lionel Newman. Die Arbeit mit Otto Preminger war nicht gerade angenehm. Der Regisseur: »Einiges mußte einfach in kurzen Einstellungen aufgelöst werden, weil sie ihren Text nicht behalten konnte. Ich hatte schließlich nicht die Absicht, mein ganzes Leben in Kanada zu verbringen. Aber es gab keine künstlerischen Probleme mit ihr. Trotz der Tatsache, daß sie auf so tragische Weise ums Leben gekommen ist, war sie nicht das große Genie, das die Leute gern in ihr sehen. Sie war ein liebes Mädchen mit einem sehr beschränkten Horizont« (*Movie* No. 4, November 1962).

»Schwer zu sagen, ob nun die Landschaft oder Marilyn Monroes Schönheit die größere Attraktion von *River of no Return* ist. Die Berglandschaft ist atemberaubend, doch Miss Monroe ist dies auf ihre Art nicht weniger. Wer nun was vorzieht, hängt allenfalls davon ab, wo die Interessen liegen. Drehbuchautor Frank Fenton hat sich alle Mühe gegeben, der Natur und Miss Monroe etwa das gleiche Gewicht zu verleihen. . . . Regisseur Otto Preminger hat alle Pracht und Bedrohung, die von diesen Elementen ausgeht, auf die blickfeldfüllende Cinemascope-Leinwand gebracht. . . . Doch die Aufmerksamkeit Mr. Mitchums und des Publikums richtet sich auf Miss Monroe, die sich häufig und gerne in Pose stellt« (Bosley Crowther, *New York Times*).

Marilyn Monroe, Robert Mitchum und Tommy Rettig

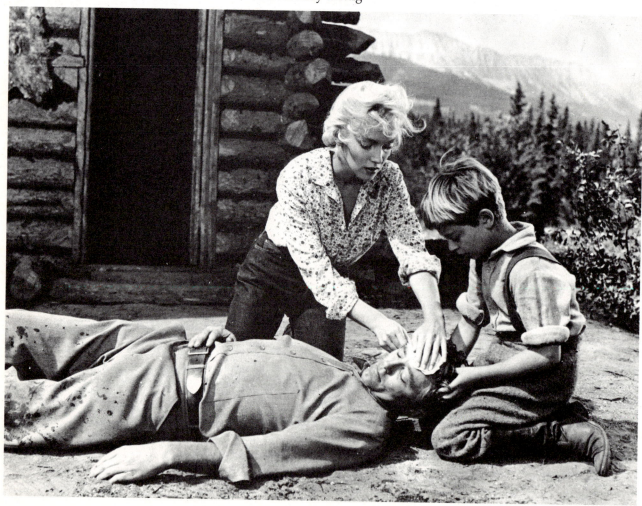

THERE'S NO BUSINESS LIKE SHOW BUSINESS
Rhythmus im Blut

Marilyn Monroe singt
After You Get What You Want, You Dont't Want It

Regie Walter Lang. *Drehbuch* Phoebe und Henry Ephron, nach einer Story von Lamar Trotti. *Kamera* (DeLuxe Color, Cinemascope) Leon Shamroy. *Musik* Alfred Newman und Lionel Newman. *Schnitt* Robert Simpson. *Kostüme* Miles White und Travilla. *Choreographie* Robert Alton und Jack Cole. *Regieassistenz* Ed Schaumor. *Darsteller* Ethel Merman (Molly Donahue), Donald O'Connor (Tim Donahue), Marilyn Monroe (Vicky), Dan Dailey (Terrance Donahue), Johnnie Ray (Steve Donahue), Mitzi Gaynor (Katy Donahue), Hugh O'Brian (Charles Gibbs), Frank McHugh (Eddie Duggan), Rhys Williams (Pater Dineen), Lee Patrick (Marge), Lyle Talbot (Bühnenmeister), Richard Eastham (Lew Harris), Eve Miller (Garderobenfräulein), Robin Raymond (Lillian Sawyer), George Melford (Bühnenportier), Alvy Moore (Katys Freund), Chick Chandler (Harry), Henry Slate (Choreograph), Nolan Leary (Erzbischof), Gavin Gordon (Geoffrey), Mimi Gibson, Linda Lowell, John Potter, Jimmy Baird, Billy Chapin, Neal McCaskill, Donald Gamble (Kinder). *Produktion* 20th Century-Fox (Sol. C. Siegel). 117 Minuten. 1954.

Molly und Terry Donahue arbeiten zusammen mit ihren drei Kindern im Showgeschäft, und die ganze Familie tritt unter dem Namen »Die fünf Donahues« auf der Bühne auf. Die drei jungen Donahues sind Tim, Katy und Steve.

Steve verläßt die Truppe, um Priester zu werden. Tim lernt in einem Nachtklub Vicky kennen, die dort als Garderobenfräulein arbeitet, und ist dabei, als ihr Agent sie mit einem Produzenten bekanntmacht und sie ein Lied vorträgt. Die vier Donahues bekommen ein Engagement in einem Hotel in Florida, und Tim entdeckt dort auch Vicky im Programm. Er überredet seine Familie, die Nummer zu ändern, damit Vicky ihr Lied *Heat Wave* bringen kann. Molly kann Vicky nicht leiden. Als Vicky Tim und Katy dazu bringt, mit ihr einer Broadway-Show beizutreten, machen Molly und Terry erfolgreich allein weiter.

Marilyn Monroe, Donald O'Conner und Mitzi Gaynor

Marilyn Monroe mit ihrer *Heat Wave* Nummer

Katy findet Gefallen an Charles Gibbs, der die Liedtexte der Show schreibt. Tim, der sich in Vicky verliebt hat, nimmt fälschlicherweise an, sie würde ihn mit dem Produzenten der Show, Lew Harris hintergehen. Am Tage der Premiere betrinkt er sich und verunglückt mit dem Auto. Molly macht an seiner Stelle mit Katy weiter, und Terry besucht ihn im Krankenhaus. Tim ist nicht schwer verletzt. Terry macht ihm Vorwürfe, daß er sich kurz vor der Premiere betrunken hat, schlägt ihn sogar und läßt ihn grollend allein. Als er später mit Molly zurückkehrt, ist Tim verschwunden, und sie können ihn nirgends finden.

Terry macht sich Vorwürfe und wird so niedergeschlagen, daß er sogar auf seinen Auftritt verzichtet. Molly macht mit Katy auf der Bühne weiter, obwohl sie Vicky, der sie die Schuld für Tims Verschwinden gibt, aus dem Wege geht. Katy, die die Bitterkeit ihrer Mutter gegenüber Vicky nicht teilt, heiratet Charles Gibbs.

Molly versucht, Terry dazu zu bringen, zugunsten der Schauspieler im Hippodrome Theatre aufzutreten, das bald abgerissen werden soll, doch Terry weigert sich. Katy beschließt, die Gelegenheit zu nutzen, um ihre Mutter mit Vicky zusammenzubringen. Die beiden Frauen treffen sich, und Vicky erzählt Molly, daß sie Tim immer noch liebe und daß er keinen Grund gehabt habe, auf Harris eifersüchtig zu sein. Molly glaubt ihr, und sie begraben das Kriegsbeil.

Steve, inzwischen Militärkaplan, betritt die Kulissen. Molly muß für ihre Nummer auf die Bühne. Auch Tim, der jetzt bei der Marine ist, trifft ein, und Molly kann ihn von der Bühne aus sehen. Als Terry die Runde komplett macht, können die »Ori-

Ethel Merman, Johnny Ray und Marilyn Monroe

Marilyn Monroe und Donald O'Conner

ginal Fünf Donahues« die Bühne betreten. Vicky kommt hinzu und stellt sich neben Tim, und alle sechs singen »There's no Business Like Show Business«.

Marilyn sang drei Nummern in diesem ihrem zweiundzwanzigsten Film, der dem Komponisten der Lieder, Irving Berlin, Tribut zollte: *After You Get What You Want You Don't Want it*, *Heat Wave* und *Lazy*. »Marilyn Monroe, die Donald aus dem Showgeschäft und in die Uniform treibt, hat drei Liedchen zu singen und trägt sie in ihrer zum Markenzeichen gewordenen verführerischen Art vor. ... Die Besetzung ist großartig. ... *There's no Business Like Show Business* ist ein großer Revuefilm voller Farbenpracht und Melodien. Ganz einfach eine Menge wundervoller Gefühlsduselei« (Frank Quinn, *New York Daily Mirror*).

THE SEVEN YEAR ITCH
Das verflixte 7. Jahr

Tom Ewell und Marilyn Monroe

Regie Billy Wilder. *Drehbuch* Billy Wilder und George Axelrod, nach dem Bühnenstück von George Axelrod. *Kamera* (DeLuxe Color, Cinemascope) Milton Krasner. *Special Effects* Ray Kellogg. *Musik* Alfred Newman. *Arrangements* Edward P. Powell. *Bauten* Lyle Wheeler und George W. Davis. *Ausstattung* Walter M. Scott und Stuart A. Reis. *Schnitt* Hugh S. Fowler. *Ton* E. Clayton Ward und Harry M. Leonhard. *Kostüme* Travilla. *Garderobe* Charles Le Maire. *Maske* Ben Nye. *Regieassistenz* Joseph E. Rickards. *Darsteller* Marilyn Monroe (das Mädchen), Tom Ewell (Richard Sherman), Evelyn Keyes (Helen Sherman), Sonny Tufts (Tom MacKenzie), Robert Strauss (Kruhulik), Oscar Homolka (Dr. Brubaker), Marguerite Chapman (Miss Morris), Victor Moore (Klempner), Donald MacBride (Mr. Brady), Carolyn Jones (Miss Finch), Doro Merande (Kellnerin), Butch Bernard (Ricky), Dorothy Ford (Indianerin), Mary Young (Frau im Bahnhof), Ralph Sanford (Fahrkartenkontrolleur). *Produktion* 20th Century-Fox (Charles K. Feldman, Billy Wilder). 105 Minuten. 1955.

Richard Sherman und seine Frau Helen sind seit sieben Jahren verheiratet. Während er aus geschäftlichen Gründen in New York bleiben muß, fährt Helen mit ihrem Sohn Ricky in die Sommerferien.

Das Apartment über ihnen ist an »das Mädchen« untervermietet, die als Modell fürs Fernsehen arbeitet. Als sie einmal den Haustürschlüssel vergessen hat, drückt sie auf Shermans Klingelknopf, und er läßt sie hinein. Wieder allein, stellt er sich Liebesaffären mit Frauen vor, die er kennt.

Als das Mädchen versehentlich eine Tomatenpflanze auf Shermans Terrasse fallen läßt, lädt er sie zu einem Drink in seine Wohnung ein. Während er auf sie wartet, spielt er mit der Vorstellung, sie aufzureißen. Sie kommt herein und erklärt, sie fühle sich bei verheirateten Männern sicher. Er unternimmt einen tolpatschigen Annäherungsversuch am Klavier, und beide fallen vom Hocker. Er stammelt eine Entschuldigung, doch sie tut, als sei nichts gewesen.

Nachdem das Mädchen in ihr Apartment zurückgekehrt ist, malt sich Sher-

Marilyn Monroe und Tom Ewell

Marilyn Monroe und Tom Ewell

man aus, wie sie jedem erzählt, er sei ein Aufreißer. In seiner Fantasie befreit ein Klempner ihren Zeh, der beim Baden im Wasserhahn steckengeblieben ist, und ihm erzählt sie als erstem von dem Wüstling unter ihr. Der Klempner verbreitet die Nachricht, und das Mädchen selbst warnt über das Fernsehen die Leute vor ihm. Er stellt sich vor, wie Helen hinter die Sache kommt und sich an ihm mit einer Affäre mit Tom MacKenzie rächt, einem Bekannten von ihnen, den er nicht ausstehen kann und der im gleichen Ort Urlaub macht. Schließlich will er seinen Fantastereien ein Ende machen und lädt das Mädchen zum Abendessen mit anschließendem Kinobesuch ein. Auf dem Heimweg bleibt sie auf dem Gitter eines U-Bahn-Lüftungsschachtes stehen und genießt die kühle Brise, die daraus aufsteigt.

Das Mädchen erzählt ihm, sie arbeite an einer Zahnpasta-Reklame und zeigt Sherman, wie rein ihr Atem beim Küssen ist. In seiner Wohnung verliebt sie sich in die Klimaanlage und bittet Sherman, hier schlafen zu dürfen. Widerstrebend überläßt er ihr das Schlafzimmer, während er im Wohnzimmer schläft. Und wieder spielt seine Fantasie verrückt. Er sieht das Mädchen und den Hauswart Kruhulik, wie sie konspirieren, um ihn zu erpressen, und wie Helen ihn schließlich umbringt.

Am nächsten Morgen gibt der ernüchterte Sherman seinem Zweifel Ausdruck, daß eine Frau wegen ihm überhaupt eifersüchtig sein könnte. Sie erkennt, daß sein Selbstvertrauen angeknackst ist und erklärt, sie finde ihn attraktiver als viele gutaussehende Männer aus ihrem Bekanntenkreis. Später, als sie in der Küche ist,

Tom Ewell und Marilyn Monroe

betritt Tom MacKenzie die Wohnung. Helen hat ihn gebeten, etwas für Ricky abzuholen.

Vor Shermans Augen laufen alle Dinge ab, die er sich zwischen Helen und Tom eingebildet hat, und er schlägt Tom k.o. Kruhulik kommt herein und trägt ihn weg. Sherman beschließt, daß es wohl ratsam ist, Helen nachzureisen, und er bietet dem Mädchen an, während seiner Abwesenheit seine Wohnung samt Klimaanlage zu benutzen.

Das Mädchen gibt ihm aus Dankbarkeit einen Kuß, mit dem sie ihm sagen will, daß er in ihren Augen ein anständiger Typ ist. Außerdem soll er ausdrücken, daß sie den armen Tropf wirklich gern hat. Völlig überwältigt stürzt Sherman aus dem Haus. Das Mädchen ruft ihn zurück und wirft ihm die Schuhe nach, die er vergessen hatte anzuziehen, und er macht, daß er zum Bahnhof kommt.

In ihrem dreiundzwanzigsten Film sah man Marilyn wieder in einer subtileren Rolle. Obwohl sie eine naive Blondine zu spielen hatte, verlieh sie der Figur eine menschliche Tiefe, die nicht unbedingt im Drehbuch stand.

Marilyns Privatleben war zu der Zeit, als sie diesen Film drehte, ziemlich durcheinander. Sie und ihr zweiter Ehemann, der Baseballspieler Joe DiMaggio, standen kurz vor der Scheidung.

»Miß Monroe bereichert den Film um eine besondere Persönlichkeit und ein gewisses physisches Etwas, was vielleicht nicht unbedingt den Vorstellungen des Autors der Vorlage entspricht, aber sicher etwas für sich hat.

Von dem Moment an, in dem sie – in ei-

nem Kleid, das ihren wohlgeformten Körper umhüllt, als habe man sie kunstvoll hineingegossen – die Szene betritt, suggeriert der berühmte Filmstar mit dem silberblonden Haar und den unschuldigen großen Augen nur eines. Und diese Suggestion beherrscht so ziemlich den ganzen Film. Es ist – nun, warum es formulieren? Miss Monroe spielt eindeutig die Titelrolle« (Bosley Crowther, *New York Times*).

Billy Wilder ist oft gefragt worden, wie denn die Monroe nun wirklich gewesen sei, und hat nie ein Blatt vor den Mund genommen: »Ah, Marilyn, Hollywoods Johanna von Orleans, unser Parade-Opferlamm! Nun, ich will ihnen etwas sagen: Sie war gemein, entsetzlich gemein. Die gemeinste Frau, die ich je in dieser Stadt gekannt habe. Dieser Marilyn-Monroe-Kult ist für mich unbegreiflich. Kann sein, daß langsam schon Mut dazu gehört, die Wahrheit über sie zu sagen. Also schön, dann bin ich jetzt mutig: Ich habe nie jemanden getroffen, der so durch und durch gemein war wie Marilyn Monroe. Oder so durch und durch fantastisch auf der Leinwand, die Garbo eingeschlossen« (Billy Wilder 1968 in einem Interview mit der *Los Angeles Times*, zitiert nach: Maurice Zolotow, *Billy Wilder in Hollywood*, New York 1977).

BUS STOP
Bus Stop

Marilyn Monroe und Don Murray

Regie Joshua Logan. *Drehbuch* George Axelrod, nach einem Bühnenstück von William Inge. *Kamera* (DeLuxe Color, Cinemascope) Milton Krasner. *Musik* Alfred Newman und Cyril Mockridge. *Schnitt* William Reynolds. *Kostüme* Travilla. *Regieassistenz* Ben Kadish. *Darsteller* Marilyn Monroe (Cherie), Don Murray (Bo Decker), Arthur O'Connell (Virgil), Betty Field (Grace), Eileen Heckart (Vera), Robert Bray (Carl), Hope Lange (Elena), Casey Adams (*Life*-Reporter), Hans Conreid (*Life*-Fotograf), Greta Thyssen (Covergirl), Henry Slate (Manager im Blue Dragon), Helen Mayon (Wirtin), Terry Kelman und Linda Brace (Kinder im Bus). *Produktion* 20th Century-Fox (Buddy Adler). 94 Minuten. 1956.

Ein junger Cowboy, Bo Decker, läßt sich von seinem Freund Virgil von seiner Ranch in Montana zu einem Rodeo in Phoenix, Arizona, mitnehmen.

Im Blue Dragon Café in Phoenix sieht er Cherie, eine Sängerin mit zweifelhafter Vergangenheit. Er ist empört darüber, daß einige Gäste ihrer Nummer keine Aufmerksamkeit schenken, und prügelt ihnen sogleich respektvolles Schweigen ein. Der Kuß, den sie ihm als Dank gibt, läßt ihn auf der Stelle den Entschluß fassen, sie zu seiner Frau zu machen. Virgil, der sie von früher kennt, ist entsetzt, als Bo ihm seine Pläne anvertraut.

Am nächsten Morgen stürmt Bo in Cheries Zimmer, weckt sie auf und eröffnet ihr, sie würden noch am gleichen Tag heiraten. Sie ist total verblüfft. Später geht sie mit ihrer Freundin Vera, einer Kellnerin, zu dem Rodeo, bei dem Bo mitmacht. Als ihr klar wird, daß Bo tatsächlich die Absicht hat, einen Geistlichen herbeizuschaffen, der sie trauen soll, verläßt sie das Gelände mit dem Entschluß, der Stadt den Rücken zu kehren. Virgil leiht ihr Geld für einen Bus nach Los Angeles, doch Bo findet sie und zwingt sie, mit ihm und Virgil den Bus nach Montana zu nehmen.

Im Bus schüttet Cherie einem Mädchen namens Elena ihr Herz aus und erzählt ihr nicht nur von ihren augenblicklichen Schwierigkeiten, sondern auch Einzelheiten aus ihrer Vergangenheit, so von ihrer Ambition, nach Hollywood zu gehen, von ihren Männerbekanntschaften und davon, daß sie sich keine Illusionen mehr macht.

Als der Bus bei Grace's Diner haltmacht, nimmt Elena Cherie mit hinein, während Bo schläft, und erklärt Grace die Umstände der Entführung. Die Fahrgäste erfahren, daß die Straße blockiert ist und daß sie in dem Rasthaus warten müssen,

Marilyn Monroe und Don Murray

Marilyn Monroe und Don Murray

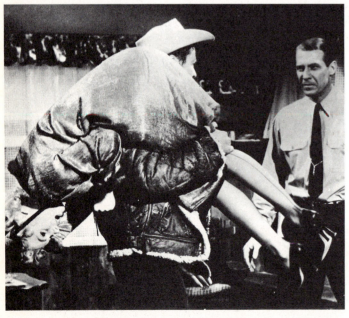

Marilyn Monroe, Don Murray und Partner

bis sie wieder frei ist. Carl, der Busfahrer, wird ebenfalls über Cheries Problem in Kenntnis gesetzt.

Als Bo und Virgil das Café betreten, sieht Bo, daß Cherie ihren Koffer aus dem Bus geholt hat und erkennt, daß sie sich davonmachen will. Ohne zu zögern, packt er Cherie, wirft sie sich über die Schulter und will sie zum nächsten Pfarrer schleppen. Den protestierenden Zeugen rät er, ja nicht einzugreifen. Doch Carl hält Bo auf, und es kommt zu einem Zweikampf, aus dem der Fahrer als Sieger hervorgeht.

Bo sagt Virgil, er könne Cherie nach seiner Niederlage nicht unter die Augen treten, und er zieht sich allein in den Bus zurück. Er kommt am Morgen wieder in das Rasthaus, wo Virgil ihm klarmacht, daß die Leute ihn nie respektieren oder auf ihn hören würden, solange er den Brutalen spielt. Bo sieht das ein, entschuldigt sich bei allen für sein Benehmen und bittet Cherie für alles, was er ihr angetan hat, um Verzeihung. Indem sie auf ihre fragwürdige Vergangenheit anspielt, versichert Cherie ihm, daß er ohne sie besser dran sei.

Ein Anruf informiert sie, daß die Straße geräumt ist, und Bo fragt Cherie, ob er sie zum Abschied küssen dürfe. Der Kuß berührt sie stärker, als sie dachte. Bo schöpft neuen Mut, wiederholt seine Bitte und betont, daß ihn das, was sie früher gemacht habe, nicht kümmere. Unter Tränen stimmt Cherie der Hochzeit zu. Bo sagt es Virgil, der Cherie inzwischen in einem neuen Licht sieht. Als Bo und Cherie den Bus nach Montana betreten, verkündet Virgil, er werde nicht mitfahren, da Bo als verheirateter Mann ja wohl keinen Vormund mehr nötig habe.

Marilyns Rolle in ihrem vierundzwanzigsten Film gilt für viele als ihre beste Leistung überhaupt. Nach *The Seven Year Itch* hatte sie Hollywood verlassen und bei Lee und Paula Strasberg im *Actors Studio* in New York studiert. Ihr Spiel in diesem Film zwar zweifellos stark von dem beein-

Marilyn Monroe singt *That Old Black Magic*

flußt, was sie dort gelernt hatte. Ihr einziges Lied in *Bus Stop* ist *That Old Black Magic* von Ken Darby und Alfred Newman. In Joshua Logan fand sie einen sehr freundlichen Regisseur. Logan: »Marilyn war während der gesamten Außenaufnahmen in Phoenix ein durchaus verläßlicher Profi. Sie kam stets pünktlich. Geduldig saß sie stundenlang unter einem Sonnenschutz, während wir die Statisten und Pferde um sie herum vorbereiteten. Ihr Hillybilly-Akzent war makellos. Man konnte meinen, sie habe schon ihr ganzes Leben an dieser Figur gearbeitet. ... *Bus Stop* war die erste Produktion ihrer ›Marilyn Monroe Incorporated‹, und sie malte sich eine Zukunft aus, in der sie sich ihre Regisseure und Stoffe aussuchen können und sich als Schauspielerin weiterentwickeln würde. Sie hegte große Hoffnungen. ... Meiner Meinung nach war sie äußerst intelligent und ging ganz in ihrer Arbeit auf« (Joshua Logan, *Movie Stars, Real People, And Me*, New York 1978).

»Haltet euch fest, Freunde, und macht euch auf eine Überraschung gefaßt. Marilyn Monroe beweist in *Bus Stop* endlich, daß sie eine wirkliche Schauspielerin ist. Sie und der Film sind einfach herrlich! Denen, die das Talent der Dame nach ihren Leistungen in Filmen wie *Niagara*, *Gentlemen Prefer Blondes* oder gar *The Seven Year Itch* beurteilen, in denen ihre Anziehungskraft nicht gerade auf ihren schauspielerischen Qualitäten beruhte, mag diese Nachricht wenig plausibel und absurd erscheinen. Und sie mag auch bei denen auf Skepsis stoßen, die das Stück von William Inge gesehen haben, auf dem der Film basiert, und die sich an Kim Stanley in dieser Rolle erinnern. Aber wenn Sie unser Urteil überprüfen wollen, statten Sie dem *Roxy*, wo der von Twentieth Century-Fox produzierte und von Joshua Logan inszenierte Film gestern anlief, einfach einen Besuch ab. Sie werden Miss Monroe vielleicht nicht gleich für die Duse halten, aber sie wird Sie sicher überzeugen. Verblüffende Tatsache ist nämlich, daß Mr. Logan sie in diesem Film zu viel mehr gebracht hat als nur dazu, mit den Hüften zu wackeln, die Lippen aufzuwerfen, mit großen Augen zu gucken und den synthetischen Vamp zu spielen. Er hat es geschafft, daß sie bis hin zu ihrem Akzent und der Farbe ihrer Haut William Inges »Mädchen aus der Gosse« ist. Er hat es geschafft, daß sie das aufgeputzte Flittchen, die etwas dümmliche Puppe ist, die ein nicht weniger naiver Cowboy in einer Kneipe in Phoenix aufstöbert und bis in ein eingeschneites Bus-Rasthaus in der Wildnis von Arizona verfolgt. Und, was das Wichtigste ist, er hat sie dazu gebracht, der Figur Würde zu verleihen und Anteilnahme an ihrem Schicksal erwecken zu lassen.

Dies mag sich für diejenigen, die ihre Miss Monroe lieber gesund und aufreizend sehend, nicht gerade vielversprechend anhören. Doch glauben Sie ja nicht, daß sie, weil sie in diesem Film wirklich eine Charakterstudie abliefert, deshalb weniger lebendig, humorvoll oder attraktiv ist als sonst« (Bosley Crowther, *New York Times*).

THE PRINCE AND THE SHOWGIRL
Der Prinz und die Tänzerin

Sir Laurence Olivier und Marilyn Monroe

Regie Laurence Olivier. *Drehbuch* Terence Rattigan, nach seinem Bühnenstück The Sleeping Prince. *Kamera* (Technicolor) Jack Cardiff. *Musik* Richard Addinsell. *Musikalische Leitung* Muir Mathieson. *Bauten* Carmen Dillon. *Ausstattung* Roger Furse. *Schnitt* Jack Harris. *Schnittassistenz* Desmond Saunders. *Kostüme* Beatrice Dawson. *Choreographie* William Chappell. *Co-Regie* Anthony Bushell. *Regieassistenz* David Orton. *Darsteller* Marilyn Monroe (Elsie Marina), Laurence Olivier (Großherzog Karl), Sybil Thorndike (Königinmutter), Richard Wattis (Northbrook), Jeremy Spenser (König Nikolaus), Esmond Knight (Oberst Hoffmann), Paul Hardwick (Majordomus), Rosamund Greenwood (Maud), Aubrey Dexter (der Botschafter), Maxine Audley (Lady Sunningdale), Harold Greenwood (Page), Andreas Melandrinos (Diener mit Geige), Jean Kent (Maisie Springfield), Daphne Anderson (Fanny), Gillian Owen (Maggie), Vera Day (Betty), Margot Lister (Lottie), Charles Victor (Theaterdirektor), David Horne (Außenminister), Dennis Edwards (Kammerdiener), Gladys Henson (Zofe). *Produktion* Marilyn Monroe Produktions/Warner Bros. (Laurence Olivier, Milton Greene). 117 Minuten. 1957.

Zur Krönungsfeier von König George V. von England kommt 1911 Großherzog Karl, Prinzregent von Karpathien, nach London. In seiner Begleitung sind sein noch unmündiger Sohn, König Nikolaus, und seine Schwiegermutter, die Königinmutter.

Der Prinzregent bewundert während einer Bühnenshow das amerikanische Revuegirl Elsie Marina und lädt sie zum Abendessen in die karpathische Botschaft ein. Als Elsie erscheint, macht er einige Annäherungsversuche, die sie aber geschickt abwehrt.

Marilyn Monroe und Partnerin

Marilyn Monroe und Sybil Thorndike

Nikolaus platzt in das Zimmer und will wissen, weshalb einer seiner Freunde in Karpathien verhaftet worden ist. Sein Vater befiehlt ihm aber nur, auf sein Zimmer zurückzugehen, und läßt ihn dort einschließen. Als nächste lernt die Königinmutter Elsie kennen, die es erstaunlich findet, daß weder der alten Dame noch Nikolaus ihre Anwesenheit peinlich zu sein scheint.

Während der Prinzregent es leid wird, erfolglose Annäherungsversuche zu unternehmen, bekommt Elsie einen Schwips und schläft ein. Verärgert bringt er sie in

Marilyn Monroe, Sybil Thorndike und Partner

ein Schlafzimmer, wo sie ihren Rausch ausschlafen kann, und läßt sie allein. Als sie am nächsten Morgen aufwacht, wird ihr klar, daß sie sich verliebt hat. Der Prinzregent jedoch hat nichts weiter im Sinn als sie aus seinem Leben zu entfernen.

Elsie erfährt, daß Nikolaus plant, seinem Vater schon jetzt die Regierungsgewalt zu entreißen, anstatt noch achtzehn Monate bis zu seiner Volljährigkeit zu warten. Elsie, die für die Krönungsfeier die Zofe der Königinmutter wird, vermittelt zwischen Vater und Sohn. Nikolaus' Bedingung dafür, nicht vorzeitig den Thron zu besteigen, ist eine sofortige Volksabstimmung. Der Prinzregent ist entschieden dagegen, denn er fürchtet, daß der Kaiser in seinem Land die Macht erlangt, wenn diese Wahl stattfindet.

Jedenfalls schafft es Elsie doch noch, ihre beiden Ziele zu erreichen, den König und den Prinzregenten zu versöhnen und das Herz des letzteren zu gewinnen. Der Prinzregent muß zwar in sein Land zurückkehren, doch in anderthalb Jahren, wenn Nikolaus rechtmäßiger König sein wird, will er wieder zu ihr kommen. Elsie verspricht überglücklich, auf ihn zu warten.

Sir Laurence Olivier und Marilyn Monroe

Marilyns fünfundzwanzigster Film wurde von ihrer eigenen Gesellschaft, die sie mit Milton Greene gegründet hatte, produziert. Der Star war nun knapp über dreißig, und wie so viele hübsche Frauen, die die Dreißig überschreiten, wurde auch sie zur Schönheit. Auch professionell hatte sie weitere Fortschritte gemacht. Laurence Olivier: »Marilyn Monroe ist eine brillante Komödiantin, was für mich bedeutet, daß sie eine sehr gute Schauspielerin ist. Sie kann in diesem Moment den Eindruck erwecken, als sei sie ein freches, kleines Biest, und im nächsten Moment ist sie wunderbar naiv und unschuldig« (zitiert nach: Jesse L. Lasky jr., *Love Scene – The Story of Laurence Olivier and Vivien Leigh*, New York 1978).

»*The Prince and the Showgirl* macht großen Spaß, wenn man ihn nicht ernst nimmt. Sein Autor tut das ganz sicher nicht. Terence Rattigan hat nur ein Spiel erdacht, um uns für zwei Stunden zu unterhalten, und den Schauspielern macht die Sache jedenfalls ungeheuren Spaß. Sie versuchen, ein ernstes Gesicht zu machen, doch ein Augenzwinkern verrät sie. Im Falle von Laurence Olivier muß sich das Zwinkern erst einen Weg durch ein dickes Monokel suchen, um die Außenwelt zu erreichen, schafft dies aber auch. Diese darstellerische Leistung ist voller subtilem Humor. ... Marilyns Rolle besitzt keine so feinen Nuancen. Sie ist ein einfältiges, aufgeschlossenes Revuegirl und weiter nichts, und Miss Monroe spielt es mit Frohsinn, kindlicher Unschuld, vergnügten Quieksern, schmollendem Mund, Augen groß wie Golfbälle und so manchem herzhaften Schwung ihrer wohlgeformten Rundungen« (William K. Zinsser, *New York Herald Tribune*).

Some Like it Hot
Manche mögen's heiß

Jack Lemmon und Marilyn Monroe

Jack Lemmon und Marilyn Monroe

Regie Billy Wilder. *Drehbuch* Billy Wilder und I. A. L. Diamond, nach einer Story von Robert Thoeren und Michael Logan. *Kamera* Charles B. Lang jr. *Special Effects* Milt Rice. *Musik* Adolph Deutsch. *Bauten* Ted Haworth. *Ausstattung* Edward G. Boyle. *Schnitt* Arthur P. Schmidt. *Kostüme* Orry-Kelly. *Ton* Fred Lau. *Maske* Emile LaVigne und Allan Snyder. *Garderobe* Bert Henrikson. *Regieassistenz* Sam Nelson und Hal Polaire. *Produktionsleitung* Allen K. Wood. *Darsteller* Marilyn Monroe (Sugar Kane), Tony Curtis (Joe), Jack Lemmon (Jerry), George Raft (»Spats« Colombo), Pat O'Brien (Mulligan), Joe E. Brown (Osgood Fielding III), Nehemiah Persoff (»Little Bonaparte«), Joan Shawlee (Sweet Sue), Billy Gray (Sig Poliakoff), George E. Stone (»Toothpick Charlie«), Dave Barry (Beinstock), Mike Mazurki und Harry Wilson (Colombos Leibwache), Beverly Wills (Dolores), Barbara Drew (Nellie), Edward G. Robinson jr. (Johnny Paradise), Tom Kennedy (Rausschmeißer), John Indrisano (Kellner). *Produktion* Mirisch/United Artists (Billy Wilder). 121 Minuten. 1959.

Chicago 1929. »Spats« Colombo und seine Gang mähen in einer Garage eine ri-

Jack Lemmon und Marilyn Monroe

valisierende Bande nieder. Zwei Musiker, Joe und Jerry, sind Zeugen des Massakers und fliehen. Um den Gangstern zu entkommen, ziehen sie sich Kleider an, und eine Frauenkapelle engagiert die beiden. Joe nennt sich Josephine, und Jerry läßt sich Daphne rufen.

Die Kapelle nimmt einen Zug, der sie zu einem Engagement nach Florida bringen soll. Während der Fahrt fällt es den beiden Männern nicht leicht, inmitten all der hübschen Mädchen ruhig Blut zu bewahren, zumal dann noch im Schlafwagen eine feucht-fröhliche Party gefeiert wird. Joe verliebt sich in Sugar, die in der Band Ukulele spielt und singt. Sugar steht auf Alkohol und Millionäre.

Nach ihrer Ankunft in Florida macht Jerry die Bekanntschaft von Millionär Osgood Fielding. Natürlich ist Jerry nach wie vor als Daphne verkleidet, und Osgood beginnt, Daphne nachzustellen. Joe

Jack Lemmon und Tony Curtis

möchte Sugar erobern, weiß aber, daß er dafür so tun muß, als habe er viel Geld. Während Jerry dafür sorgt, daß Osgood an Land bleibt, benutzt Joe dessen Yacht.

Joe versteckt seine Kleider, stellt sich Sugar vor und gibt sich als Ölmagnat aus. Er erzählt ihr, er habe einen Komplex gegenüber Frauen und könne von ihnen nicht erregt werden. Sie begleitet ihn auf die Yacht und verspricht, daß sie ihn von seinem Komplex kurieren werde.

Die Jungs glauben sich in Sicherheit, bis plötzlich Spats mit seiner Bande in Florida auftaucht, um hier an einem Gangster-Kongreß teilzunehmen. Sie entdecken Joe und Jerry, die sich unter einem der Tische des Galadiners verstecken. Als Spats dort von einer rivalisierenden Bande erschossen wird, erscheint die Polizei auf der Bildfläche. Joe packt Sugar und macht sich mit Jerry und Osgood in Osgoods Motorboot davon. Joe gesteht Sugar alles, und

Tony Curtis
und Marilyn Monroe

sie kommt zu dem Schluß, daß er ihr gefällt, auch wenn er kein Geld hat. Jerry eröffnet Osgood, daß er ein Mann ist und eine Heirat daher unmöglich, doch Osgood erwidert seelenruhig: »Nobody's perfect«.

Marilyns sechsundzwanzigster Film war eine turbulente Komödie. Er wird für immer zu den Klassikern der Filmkomödie zählen. Marilyn sang drei Lieder in dem Film: *I'm Through With Love* von Gus Kahn, Matty Malneck und F. Livingston, *I Wanna be Loved by You* von Bert Kalmar, Harry Ruby und Herbert Stothart und *Running Wild* von Joe Gray und Leo Worth.

»*Some Like it Hot*, meisterhaft in Szene gesetzt von Billy Wilder, ist wohl der witzigste Film seit langem. Es ist eine verrückte, clevere, burleske Komödie, die wie ein Feuerwerk beginnt und bis zum Schluß die tollsten Funken sprüht. ... Es mag sich abgedroschen anhören, aber Marilyn sah noch nie besser aus. Ihre Leistung als ›Sugar‹, die üppige Blondine mit Vorliebe für Saxophonspieler und Männer mit Brille, hat etwas auf köstliche Weise Naives. Sie ist eine Komödiantin mit jener Mischung aus Sexappeal und Gespür für den richtigen Moment, die unschlagbar ist« (Hift, *Variety*).

Machen wir's in Liebe

Yves Montand und Marilyn Monroe

Regie George Cukor. *Drehbuch* Norman Krasna, Hal Kanter. *Kamera* (DeLuxe Color, Cinemascope) Daniel L. Fapp. *Musik* Lionel Newman. *Bauten* Lyle Wheeler. *Ausstattung* Gene Allen. *Schnitt* David Bretherton. *Kostüme* Dorothy Jeakins. *Ton* W. D. Flick und Warren B. Delaplain. *Choreographie* Jack Cole. *Darsteller* Marilyn Monroe (Amanda Dell), Yves Montand (Jean-Marc Clément), Tony Randall (Alex Coffman), Frankie Vaughan (Tony Danton), Wilfrid Hyde-White (George Wales), David Burns (Oliver Burton), Michael David (Dave Kerry), Mara Lynn (Lily Niles), Dennis King jr. (Abe Miller), Joe Besser (Charlie Lamont), Magde Kennedy (Miss Manners), Ray Foster (Jimmie), Mike Mason (Yale), John Craven (Comstock), Harry Cheshire (Priester), Benny Burt (Taxifahrer), Richard Collier (Straßenkehrer), Lennie Bremen (Kellner in der Snackbar), Gene Kelly, Bing Crosby und Milton Berle (Gaststars). *Produktion* 20th Century-Fox (Jerry Wald). 118 Minuten. 1960.

Jean-Marc Clément, ein Milliardär, erfährt durch seinen Anwalt Wales und seinen Werbemanager Alex Coffmann, daß

Marilyn Monroe singt *My Heart Belongs to Daddy*

auch er zu den prominenten Persönlichkeiten gehört, die in einer Broadway-Revue karikiert werden sollen.

Clément und Coffmann besuchen das Theater und sehen dort Amanda Dell bei einer Songprobe zu. Der Regisseur glaubt, Clément sei ein Schauspieler, und verpflichtet ihn für seine eigene Rolle in dem Stück. Clément macht das Spiel mit, denn er möchte mehr von Amanda sehen. Ohne zu ahnen, wer er ist, erzählt ihm Amanda, reiche Männer würden keinen Eindruck auf sie machen, und schon gar nicht Clément. Als Rivale des Milliardärs erweist sich Tony Danton, Sänger und Komiker in der Show.

Wales bringt heraus, daß das Theater dem Clement-Konzern gehört, und will es schließen lassen. Als Coffman dies hört, nimmt er an, Clément stecke dahinter; daraufhin betrinkt er sich und will nichts mehr von ihm wissen. Doch Clément versichert, daß er ganz und gar nicht die Absicht habe, das Theater zuzumachen. Im Gegenteil: Seine Pläne gehen dahin, über Wales mehr Geld in die Show zu stecken und außerdem Amanda zu heiraten.

Clément engagiert drei Musical-Stars (Bing Crosby, Gene Kelly und Milton Berle spielen sich in Gastrollen selber), die ihm zeigen sollen, wie man singt, tanzt und komisch ist. Wales tut, als sei er der Geldgeber der Revue. Als Danton erfährt, daß Clément für Wales ein Lied bringen will, wird er wütend und droht auszusteigen. Amanda geht mit Clément aus, so daß Danton die Nummer machen kann.

Amanda gesteht Clément, daß sie ihn hereingelegt hat. Er nimmt an, dies bedeute, daß sie ihn liebt. Er sagt ihr, wer er wirklich ist, und bittet sie, seine Frau zu werden, doch sie glaubt, er lügt.

Clément schmiedet einen Plan. Er erläßt eine Verfügung, die Show zu stoppen, und willigt dann ein, mit Amanda den Besitzer des Theaters aufzusuchen, um mit

Marilyn Monroe und Yves Montand

Frankie Vaughan und Marilyn Monroe

Marilyn Monroe und Frankie Vaughan

ihm zu reden. Als sie in seinem Büro sind, wird ihr klar, daß er tatsächlich Clément ist, und sie flieht in einem Aufzug. Er holt den Aufzug wieder herauf und küßt sie, obwohl sie protestiert und ihn wegzustoßen versucht. Doch ihr Widerstand ist nicht von langer Dauer. Sie erkennt allmählich, daß sie ihn trotz seiner Tricks und seiner Milliarden liebt, und sie sinkt in seine Arme.

Marilyns siebenundzwanzigster Film war eine unterhaltsame Komödie, in der sie neben dem Franzosen Montand und dem Engländer Vaughan auftrat. Marilyn sang vier Lieder in dem Film: *My Heart Belongs to Daddy* von Cole Porter und die drei Songs von Sammy Cahn und James Van Heusen *Let's Make Love, Incurably Romantic* und *Specialisation*. »Marilyn Monroe erzielt in *Let's Make Love* einige der lautesten Lacher ihres Lebens. . . . Es ist ein ausgelassener, alberner und wirklich erfri-

schender Ulk. . . . Marilyn setzt sich tatsächlich einem Vergleich mit Mary Martin aus und singt in ihrer ersten Szene *My Heart Belongs to Daddy*. In der Vorstellung, die ich besuchte, gab es vom Publikum Szenenapplaus« (Alton Cook, *New York World-Telegram and Sun*). Regisseur Cukor: »Sie hatte dieses absolute, unfehlbare Gespür für Komödie. Im wirklichen Leben machte sie keinen sehr komischen Eindruck, aber sie hatte dieses Gespür. Sie spielte so, als würde sie nicht so ganz verstehen, warum etwas komisch war, und gerade das machte es so komisch. Sie verstand sich auch auf platte Komödie – auf den Hintern fallen und derartige Sachen –, aber ich glaube, ihre Freunde sagten ihr, das sei ihrer nicht würdig. Als Regisseur hatte ich wirklich sehr wenig Einfluß auf sie. Alles, was ich tun konnte, war, ein Klima zu schaffen, das ihr entgegenkam« (Gavin Lambert, *On Cukor*, New York 1972).

THE MISFITS
Nicht gesellschaftsfähig

Montgomery Clift, Marilyn Monroe und Clark Gable

Clark Gable und Marilyn Monroe

Regie John Huston. *Drehbuch* Arthur Miller. *Kamera* Russell Metty. *Musik* Alex North. *Bauten* Stephen Grimes. *Ausstattung* William Newberry. *Schnitt* George Tomasini. *Kostüme* Jean-Louis. *Ton* Philip Mitchell. *Titel* George Nelson. *Darsteller* Clark Gable (Gay Langland), Marilyn Monroe (Roslyn Tabor), Montgomery Clift (Perce Howland), Thelma Ritter (Isabelle Seers), Eli Wallach (Guido), James Barton (der alte Mann in der Bar), Estelle Winwood (religiöse Dame), Kevin MacCarthy (Raymond Tabor), Dennis Shaw (der Junge in der Bar), Philip Mitchell (Charles Steers), Walter Ramage (alter Bräutigam), Peggy Barton (junge Braut), J. Lewis Smith (Cowboy in der Bar), Marietta Tree (Susan), Bobby LaSalle (Barmann), Ryall Bowker (Mann in der Bar), Ralph Roberts (Erste-Hilfe-Mann). *Produktion* Seven Arts/United Artists (John Huston). 124 Minuten. 1961.

Roslyn Tabor läßt sich in Reno, Nevada, von ihrem Mann Raymond scheiden. Über ihre Wirtin, Isabelle Seers, lernt sie den ehemaligen Mechaniker Guido kennen, der seit dem Tode seiner Frau ein einsamer Mann ist. Guido findet sie sehr sympathisch, doch als er sie mit dem Pferdefänger Gay Langland bekanntmacht, merkt er, daß sich die beiden ineinander verlieben.

Langland, ein Einzelgänger mit rauher Schale, bereitet das Einfangen einer Herde wilder Pferde vor. Dazu schließt er sich mit Guido und Perce Howland, einem erfolglosen Rodeo-Reiter, zusammen.

Als Roslyn, die auch mitgekommen ist, erfährt, daß die Pferde in der Schlachterei enden und zu Hundefutter verarbeitet werden sollen, versucht sie, Langland dazu zu bringen, das Einfangen abzublasen. Er weigert sich aber entschieden. Später fleht sie den gleichfalls mitfühlenden Perce an, die gefangenen Pferde wieder freizulassen. Als er ihre Bitte erfüllt, wird Langland wütend und fängt das Leittier nach einer harten und mühevollen Jagd wieder ein. Nachdem er somit allen bewiesen hat, daß er das Sagen hat, schenkt er dem Pferd die Freiheit zurück.

Das Einfangen hat ihnen finanziell nichts eingebracht, und die Gruppe zerfällt. Jeder hat aber etwas aus dem Erlebnis gelernt. Langland und Roslyn, die durch diese Erfahrung einander verstehen gelernt haben, wollen gemeinsam einen neuen Anfang versuchen.

Clark Gable, Marilyn Monroe, Montgomery Clift und Partner

Marilyn Monroe, Clark Gable, Montgomery Clift und Partner

Marilyns achtundzwanzigster Film war der letzte, den sie vollenden sollte. Ein wahrhaft langer Weg lag hinter ihr. Sie hatte sich zu einer begabten Darstellerin entwickelt, und einer weiteren Entfaltung ihres Könnens stand scheinbar nichts im Wege. Leider trübten zwei Ereignisse ihr Glück – der Tod ihres Filmpartners Clark Gable und das Ende ihrer Ehe mit Arthur Miller, der das Drehbuch zu diesem Film geschrieben hatte. Marilyn wurde durch beides tief erschüttert.

»Nach einer langen Dürreperiode, was wirklich amerikanische Filme betrifft, gibt es nun Grund zur Freude, denn *The Misfits* ist so durch und durch amerikanisch, daß niemand außer einem Amerikaner ihn gemacht haben könnte. Um ehrlich zu sein: Ich bin nicht sicher, ob ihn überhaupt jemand gemacht haben könnte außer John Huston nach einem Original-Drehbuch von Arthur Miller, und es ist kaum anzunehmen, daß Miller es ohne Marilyn Monroe geschrieben haben könnte. Da gibt es Sätze, bei denen man spürt, daß Miss Monroe selbst sie einmal gesagt haben muß. ... In dieser Zeit, in der Sex und Gewalt dermaßen ausgebeutet werden, daß unsere Gefühle Gefahr laufen, eingeschläfert zu werden, ist hier ein Film, in dem beide Aspekte eine ebenso starke Rolle spielen wie in der Wirklichkeit, aber nie um ihrer selbst willen ausgeschlachtet werden. Miss Monroe besitzt auch hier ihren eigenen Zauber, wird uns aber nicht als lebendes Pin-up in hauteenger Seide vor die Nase gesetzt. ... Und wer wollte bestreiten, daß die Schauspieler in diesem Film Spitzenleistungen vollbringen? Man vergißt, daß sie ihre Figuren nur darstellen und nicht ›sind‹, was sie spielen« (Paul V. Beckley, *New York Herald Tribune*).

Estelle Winwood, Marilyn Monroe, Clark Gable und Partner

Montgomery Clift und Marilyn Monroe

Something's Got to Give

Regie George Cukor. *Drehbuch* Walter Bernstein, nach dem Drehbuch *My Favourite Wife* (1940) von Bella und Samuel Spewack. *Kamera* (DeLuxe Color, Cinemascope) Franz Planer. *Bauten* Gene Allen. *Kostüme* Jean-Louis. *Darsteller* Marilyn Monroe, Dean Martin, Cyd Charisse, Tom Tryon, Phil Silvers, Wally Cox. *Produktion* 20th Century-Fox (Henry Weinstein). 1962.

Regisseur George Cukor: »Es war alles sehr tragisch. Als wir mit *Something's Got to Give* begannen, konnte sie ihren Text nicht mehr behalten. Sie war intelligent genug, um zu wissen, daß sie nicht gut war. Doch irgendwie konnte man sie nicht mehr erreichen, als ob sie sich unter Wasser befände. Nach sieben Wochen Arbeit hatten wir gerade die Menge von fünf Tagen im Kasten. Schließlich wurde sie durch Lee Remick ersetzt, doch nur für kurze Zeit. Der Film wurde abgeblasen, und zwei Monate später war Marilyn tot« (Carlos Clarens, *George Cukor*, London 1976).

Dies wäre Marilyns neunundzwanzigster Film gewesen. Die Szenen mit Marilyn, die zustande gekommen sind, dauern lediglich wenige Minuten. Fox hat dieses Material in dem Film *Marilyn (Die Welt der Marilyn Monroe)* verwendet, in dem die Karriere des Stars bei diesem Studio beschrieben wird. Das Drehbuch von *Something's Got to Give* wurde 1963 unter dem Titel *Move Over, Darling* mit Doris Day, James Garner, Polly Bergen, Thelma Ritter und Chuck Connors von Michael Gordon verfilmt.

Marilyn starb am 5. August 1962.

CHRONOLOGIE EINES LEBENS UND EINER MYTHOLOGIE

von Robert Fischer

1926

Marilyn Monroe wird am 1. Juni um 9.30 Uhr in Los Angeles als Norma Jean(e) Mortenson geboren. Ihre Mutter Gladys Baker, geb. Monroe, arbeitet in den Filmlabors der Consolidated Film Industries. Sie trägt immer noch den Namen des Vaters ihrer Kinder Jack und Berneice, obwohl sie inzwischen mit dem aus Norwegen stammenden Edward Mortenson verheiratet war, der sie – ebenso wie Baker vor ihm – aber nach kurzer Zeit wieder verlassen hatte. Norma Jeans Vater ist aller Wahrscheinlichkeit weder Baker noch Mortenson, sondern Gladys' Arbeitskollege C. Stanley Gifford. Norma Jean wächst bei Pflegeeltern – Ida und Albert Wayne Bolender – in Hawthorne, Kalifornien auf.

1933

Im Oktober leistet Gladys die erste Anzahlung auf einen weißen Bungalow in Hollywood, in dem sie mit Norma Jean leben will. Sie bewohnen allerdings nur zwei Zimmer des Hauses: Der Rest wird an ein englisches Paar vermietet.

1934

Nach einem Anfall wird Gladys Baker im Januar in das Metropolitan State Hospital, Norwalk, eingewiesen. Wie schon ihre Eltern und ihr Bruder leidet sie an paranoider Schizophrenie. Grace McKee, eine Freundin der Mutter, wird zu Norma Jeans Vormund benannt. Vorläufig wird das Mädchen von einer Nachbarfamilie, den Giffens, aufgenommen.

1935

Am 13. September kommt Norma Jean in ein Waisenhaus.

1937

»Tante« Grace holt Norma Jean im Juni aus dem Waisenhaus und bringt sie nacheinander in zwei Pflegefamilien unter.

1938

Norma Jean zieht zu Tante Grace, die inzwischen den Ingenieur Erwin »Doc« Goddard geheiratet hat. Doc bringt drei Kinder mit in die Ehe. Im Februar kommt Norma Jean in die Emerson Junior High School. Ana Lower, eine Tante von Grace, holt das Mädchen oft zu sich, und es entsteht eine enge Beziehung.

1941

Nach einem unerfreulichen Zwischenfall im Hause der Goddards (Vater Doc wäre fast den mittlerweile vollentwickelten Reizen des Mädchens verfallen) zieht Norma Jean zu Tante Ana. Ihre neue Schule ist die University High School in West Los Angeles. Grace arrangiert Norma Jeans Verlobung mit Jim Dougherty, einem Jungen aus der ehemaligen Nachbarschaft.

1942

Am 19. Juni heiratet Norma Jean Mortenson in Los Angeles den einundzwanzigjährigen Flugzeugbauer James E. Dougherty. Für kurze Zeit folgt sie Jim in ein Marine-Camp auf Catalina Island.

1943

Als ihr Mann auf ein Schiff der Handelsmarine berufen wird, besorgt ihr Jims Mutter eine Arbeit in der Radio Plane Company, wo sie am Fließband steht und Fallschirme kontrolliert bzw. imprägniert.

1944

Der Armee-Fotograf David Conover, der im Auftrage des Magazins »Yank« eine Reportage über Frauen im Krieg erstellt, ist von Norma Jean in ihrem Overall fasziniert. Die ersten Fotos entstehen.

1945

Norma Jean besucht abends die Mannequin-Schule von Emmeline Snively. In kurzer Zeit gehört sie zu den Top-Modellen der Agentur. Ihr Bild ziert Illustriertentitel und Kalender. Sie lebt wieder bei Tante Ana.

1946

Jim kommt aus der Marine zurück. Wiedersehen mit Mutter Gladys, die einige Monate bei ihrer Tochter lebt, dann aber wieder ins Sanatorium zurückkehrt. Scheidung von Jim Dougherty, in dessen Abwesenheit (er befindet sich wieder auf See). Emmeline Snively erfindet für ihren Schützling den Namen Jean Norman. Am 16. Juli spricht Norma Jean bei Ben Lyon, Chef des Besetzungsbüros von 20th Cen-

tury-Fox, vor. Unter Walter Langs Leitung und mit Leon Shamroy hinter der Kamera erste Probeaufnahmen. Sie bekommt einen Vertrag, den Grace Goddard unterschreiben muß, da Norma Jean noch nicht volljährig ist. Ben Lyon findet für sie den Künstlernamen Marilyn Monroe.

1947

Für den Film *Scudda Hoo, Scudda Hay* steht Marilyn zum ersten Mal vor der Filmkamera. Ihre kurzen Auftritte fallen jedoch im Schneideraum der Schere zum Opfer; lediglich in einer Totalen kann man sie am Horizont in einem Ruderboot erahnen. Marilyn lernt den Fox-Produzenten Joseph M. Schenck kennen und schätzen. Der zweite Film: *Dangerous Years*. Marilyns Rolle als Kellnerin Eve wird nicht beschnitten. Sie nimmt Schauspielunterricht im »Actors Lab« von Morris Carnovsky und Phoebe Brand. Marilyns Freundschaft mit Joe Schenck kann nicht verhindern, daß ihr Vertrag nicht verlängert wird. Im September ist sie wieder arbeitslos, obwohl ihr erster Film noch nicht einmal gestartet ist. Sie bewirbt sich für die zweite Hauptrolle in der Bühnenkomödie *Glamour Preferred* und steht mit diesem Stück im Bliss-Hayden Playhouse auf der Bühne. Marilyn trifft Talent-Scout Lucille Ryman und deren Mann, den Schauspieler John Carroll, die sie unter ihre Fittiche nehmen.

1948

Joe Schenck und Lucille Ryman empfehlen Marilyn dem Chef von Columbia, Harry Cohn. Im März bekommt sie einen Vertrag mit Columbia. Sie verliebt sich in Fred Karger, der ihr Gesangsunterricht für ihre Rolle in dem Musical *Ladies of the Chorus* erteilt. Eine enge Beziehung entsteht zwischen Marilyn und Natasha Lytess, die bei Columbia Schauspiellehrerin ist. Im September entläßt Columbia Marilyn wieder. Tante Ana Lower stirbt.

1949

Marilyns Agent Harry Lipton besorgt ihr eine kleine Rolle in der von Lester Cowan produzierten Filmkomödie *Love Happy*, die im Februar gedreht wird. Marilyn hat eine Szene mit Groucho Marx. Im Sommer bittet sie der Fotograf Tom Kelley, Aktfotos für den Kalender »Golden Dreams« mit ihr machen zu dürfen. Für 50 Dollar Gage sagt sie zu. Etwa zur selben Zeit dreht sie bei 20th Century-Fox den Musik-Western *A Ticket to Tomahawk*.

1950

Marilyn wird mit dem Film *Love Happy* auf Promotion-Tour geschickt und kommt so zum ersten Mal nach New York. In Hollywood löst eine Liebesbeziehung zu dem Agenten Johnny Hyde die Affäre mit Fred Karger ab. Lucille Ryman vermittelt ihr die Rolle der Angela in John Hustons *The Asphalt Jungle*. Natasha Lytess kündigt bei Columbia, um sich ausschließlich Marilyn widmen zu können. Nach einem unbedeutenden Film mit dem Titel *The Fireball* sorgt Johnny Hyde dafür, das sie in Joseph L. Mankiewiczs erfolgreichem Film *All about Eve* dabei ist. Es folgen zwei kleine Filme bei MGM, *Right Cross* und *Home Town Story*. Nach seiner Scheidung bittet Hyde um ihre Hand, doch sie lehnt eine Heirat ab. Im November unterzeichnet sie einen Sieben-Jahres-Vertrag mit 20th Century-Fox. Am 18. Dezember stirbt Johnny Hyde, sein Tod erschüttert Marilyn. Während der Dreharbeiten zu dem Film *As Young as You Feel* lernt sie den Dramatiker Arthur Miller kennen.

1951

Zwei weitere Fox-Filme: *Love Nest* und *Let's Make it Legal*. Im Herbst macht Marilyn den Versuch, ihren mutmaßlichen Vater C. Stanley Gifford aufzusuchen, von dem sie in Erfahrung gebracht hat, daß er nun der Besitzer einer Molkerei in der Nähe von Palm Springs ist. Doch die Begegnung findet nicht statt. Marilyn nimmt Schauspielunterricht bei Michael Chekhov (einem Neffen Anton Tschechows) und ist von der Kunst des Exil-Russen stark beeindruckt. Bis zu Chekhovs Tod im September 1955 bleibt sie mit ihm und seiner Frau freundschaftlich verbunden.

1952

Fritz Lang dreht mit Marilyn *Clash by Night*. Ihre Leistung in diesem Film verschafft ihr positive Kritiken. Ein Skandal droht, als der Aktkalender »Golden Dreams« wiederentdeckt wird. Marilyn bekennt sich jedoch freimütig dazu und findet in der Öffentlichkeit Verständnis. Es entstehen zwei weitere Fox-Komödien, *We're not Married* und *Monkey Business*. Dazwischen dreht sie das Psychodrama *Don't Bother to Knock*, mit dem sie bei den Kritikern durchfällt. In dem Episodenfilm *O. Henry's Full House* ist sie die Partnerin von Charles Laughton. Im April lernt sie auf einer Party den Baseball-Star Joe DiMaggio kennen. Fox entschließt sich, Marilyn in dem Film *Niagara* ihre erste Hauptrolle anzuvertrauen. Im Winter beginnen die Dreharbeiten zu der Filmversion von Anita Loos' Broadwaystück *Gentlemen Prefer Blondes*, Marilyns zweitem Film unter der Regie von Howard Hawks (nach *Monkey Business*).

1953

Joe DiMaggio bittet Marilyn, ihn zu heiraten. Die Filme *How to Marry a Millionaire* und *River of No Return* werden gedreht. Im Sommer stirbt Grace Goddard. Im September verspricht Marilyn Joe DiMaggio die Ehe. Erste Begegnung mit dem Fotografen Milton H. Greene aus New York, erste Gespräche mit ihm über die Gründung einer eigenen Produktionsfirma. Sie lehnt ab, neben Frank Sinatra (mit dem sie sich privat gut versteht) in einem Projekt mit dem Titel *Pink Tights* zu spielen, weil ihr das Drehbuch nicht gefällt. 20th Century-Fox reagiert sauer, gibt aber nach und bläst das Unternehmen ab.

1954

Hochzeit mit Joe DiMaggio am 14. Januar in San Francisco. Im Februar Hochzeitsreise nach Tokio mit Zwischenstation in Honolulu. Als Marilyn in Japan von Offizieren der US-Armee gebeten wird, die kämpfenden Truppen in Korea zu besuchen und mit ein paar Liedern aufzumuntern, willigt sie ein. Die Begeisterung, mit der sie von den amerikanischen Soldaten empfangen wird, zeigt ihr, daß sie den Höhepunkt ihrer Karriere erreicht hat. Umzug im April von San Francisco nach Beverly Hills. Ein neuer Film für Fox wird gedreht: *There's No Business Like Show Business*. Ben Hecht, der bekannte Drehbuchautor, stellt sich als Ghostwriter für Marilyns Lebensgeschichte in Ich-Form zur Verfügung, doch das Buch wird nicht veröffentlicht – noch nicht. Beginn der Ehekrise. Im September Dreharbeiten in New York für Billy Wilders *The Seven Year Itch*. Die Ehe mit DiMaggio zerbricht; am 27. Oktober wird die Scheidung ausgesprochen. Marilyn steigt aus dem Vertrag mit 20th Century-Fox aus und überläßt es

ihren Anwälten, sich mit dem Studio zu einigen. Im Dezember zieht sie mit Milton Greene und dessen Frau Amy nach New York. Am 20. Dezember wird die Firma »Marilyn Monroe Productions Inc.« gegründet.

1955

Wiedersehen mit Arthur Miller. Marilyns alter Bekannter Elia Kazan ermutigt sie, bei Lee und Paula Strasberg im »Actors Studio« Schauspielunterricht zu nehmen. Im Dezember: Vertrag zwischen 20th Century-Fox und »Marilyn Monroe Productions Inc.« über vier Filme.

1956

Marilyn dreht in Hollywood unter Joshua Logans Regie *Bus Stop*. Von nun an übernimmt Paula Strasberg während der Dreharbeiten die Funktion von Natasha Lytess. Im Mai Rückkehr nach New York. Marilyn tritt zum Judentum über und heiratet am 1. Juli Arthur Miller in Katonah, New York. Anschließend Hochzeitsreise nach London, wo in den Pinewood Studios die erste unabhängige Produktion ihrer Firma begonnen wird: *The Prince and the Showgirl*. Marilyns Regisseur und Partner ist Laurence Olivier. Doch die Dreharbeiten werden zu einer nervenaufreibenden Angelegenheit für alle Beteiligten. Marilyn erklärt ihre Unzuverlässigkeit mit ihrem schlechten Gesundheitszustand. Unterdessen erhält *Bus Stop* in den USA ausgezeichnete Kritiken: »Marilyns beste Rolle!« Die BBC bietet Marilyn an, die Titelrolle in einer Fernseh-Bearbeitung von Aristophanes' *Lysistrata* zu spielen. Im Oktober kehren Mr. und Mrs. Miller aus London zurück und mieten ein Landhaus in Amagansett, Long Island.

1957

Marilyn stellt fest, daß sie schwanger ist. Doch es ist eine Bauchhöhlenschwangerschaft, die einen chirurgischen Eingriff erforderlich macht. Arthur Miller beginnt mit dem Drehbuch zu *The Misfits*, das auf einer seiner Kurzgeschichten basiert und in das er eine Rolle für seine Frau einbauen will. Inzwischen ist Marilyn auf die Einnahme von Schlaftabletten und Beruhigungsmitteln angewiesen. Miller kauft eine Farm in Connecticut. Auf Millers Betreiben hin trennt sich Marilyn geschäftlich von Milton Greene. Der Kontakt zu den Strasbergs bleibt weiter bestehen.

1958

Im Mai kommt John Cromwells Film *The Goddess* (Drehbuch: Paddy Chayevsky) in die Kinos, dessen Handlung Parallelen zu Marilyns Leben aufweist. Am 8. Juli fährt Marilyn nach Hollywood, wo im August die Dreharbeiten zu Billy Wilders Komödie *Some Like It Hot* beginnen. Miller stellt das Drehbuch zu *The Misfits* fertig. Im Dezember hat Marilyn eine weitere Fehlgeburt.

1959

In *Life* erscheinen Fotos von Richard Avedon, auf denen Marilyn ihre berühmten Vorgängerinnen Lillian Russell, Theda Bara, Clara Bow, Marlene Dietrich und Jean Harlow verkörpert. Im Frühjahr Premiere von *Some Like it Hot*, der Marilyns erfolgreichster Film wird. Im Mai erhält Marilyn für ihre Rolle in *The Prince and the Showgirl* die David-di-Donatello-Figur, einen italienischen Darstellerpreis. Im Juni Aufenthalt im Lenox Hill Hospital.

Im September fliegt sie nach Hollywood, um an einem Essen mit dem sowjetischen Parteichef Chruschtschow teilzunehmen. Auf einer Ausstellung im New Yorker Museum of Modern Art findet ein Marilyn-Porträt von Willem de Kooning Beachtung.

1960

Im Februar Beginn der Dreharbeiten zu dem Fox-Film *Let's Make Love* in Hollywood. Miller begleitet Marilyn an die Westküste, obwohl es in der Ehe heftig kriselt. Begegnung mit dem Ehepaar Simone Signoret und Yves Montand, der in dem Film Marilyns Partner ist. Im Sommer entsteht in Nevada *The Misfits* unter der Regie John Hustons. Im August werden die Dreharbeiten für kurze Zeit unterbrochen, weil Marilyn im Westside Hospital von Los Angeles von dem Psychiater Dr. Ralph Greenson behandelt werden muß. Ihre Tablettenabhängigkeit hatte zu totaler Erschöpfung geführt. Marilyn und Arthur Miller beschließen, sich zu trennen. Am 16. November – kurz nach Fertigstellung des Films – stirbt Clark Gable, Marilyns Partner in *The Misfits*. Maurice Zolotows Biographie *Marilyn Monroe* erscheint.

1961

Scheidung von Arthur Miller am 20. Januar in Juarez, Mexiko. Im Februar Aufenthalt in der Payne-Whitney-Nervenklinik in New York. Im Juni muß sie sich einer Gallenoperation unterziehen. Lee Strasberg verhandelt für sie mit der NBC über ein Fernsehspiel nach Somerset Maughams *Rain*, doch das Projekt kommt nicht zustande. Rückkehr nach Hollywood. Joseph M. Schenck stirbt nach langer Krankheit. In seinem Buch *The Fifty-*

Year Decline and Fall of Hollywood rückt Ezra Goodman einen Großteil der Gerüchte um Marilyns traumatische Kindheitserlebnisse zurecht.

1962

Im Februar kauft Marilyn ein einstöckiges Haus in Brentwood bei Los Angeles. Sie trifft sich häufig mit Joe DiMaggio. Arthur Miller heiratet die österreichische Fotografin Inge Morath. Im April beginnt George Cukor mit den Dreharbeiten zu Something's Got to Give, in dem Marilyn die Hauptrolle spielen soll. Sie erscheint jedoch nur unregelmäßig am Drehort und fliegt im Mai nach New York, um während einer Geburtstagsfeier für Präsident Kennedy »Happy Birthday« zu singen. Zurück in Hollywood, schwimmt sie für eine Szene des Films nackt in einem Wasserbecken. Die Fotografen Lawrence Schiller und William Reed Woodfield sind mit ihren Kameras bei diesem Ereignis dabei und machen mit den Aufnahmen ein Vermögen. Am 8. Juni wird Marilyn wegen »vorsätzlichen Vertragsbruchs« von Fox-Vizepräsident Peter G. Levathis gefeuert. Außerdem stellt man eine Schadenersatzforderung von 750000 Dollar. Zwei Wochen später schießt der Fotograf Bert Stern Aktaufnahmen von Marilyn, die kurz nach ihrem Tode um die Welt gehen. Für kurze Zeit sieht es so aus, als habe Marilyn die Absicht, mit Hilfe der Strasbergs in New York eine Theaterkarriere zu beginnen, aber sie ist schon bald wieder an der Westküste. Aufgrund des Druckes der Öffentlichkeit – im März hatte Marilyn den »Golden Globe« als »beliebteste Schauspielerin der Welt« bekommen – entschließt sich 20th Century-Fox, die Dreharbeiten von Something's Got to Give im September wieder aufzunehmen. Doch dazu kommt es nicht mehr: Am 5. August, einem Sonntag, findet man Marilyn tot in ihrem Bett. Todesursache: eine Überdosis Schlaftabletten.

Marilyn wird am 8. August in Westwood beigesetzt.

1962

Noch in ihrem Todesjahr montiert 20th Century-Fox den Film Marilyn, in dem ihre Szenen für Something's Got to Give enthalten sind. Der Rest ist eine lieblose Aneinanderreihung von Ausschnitten aus ihren Fox-Filmen, die Rock Hudson kommentiert.

1963

Arthur Millers Bühnenstück After the Fall (Nach dem Sündenfall) ist autobiographisch gefärbt und schildert die Verbindung von Quentin (= Miller) und Maggie (= Marilyn).

1965

Marilyns Mutter Gladys stirbt in Gainesville, Florida. Jules Dassin lehnt in Paris das Angebot ab, Millers Stück After the Fall zu inszenieren; er empfindet es als verlogen und feige. Edwin P. Hoyt schreibt Marilyn: The Tragic Venus. Ernesto Cardenal verfaßt ein Gedicht mit dem Titel Gebet für Marilyn Monroe.

1966

Das Buch Who Killed Marilyn Monroe? or Cage to Catch Our Dreams von Charles Hamblett kommt auf den Markt. Die Heldin des Romans The Symbol von Alvah Bessie ist Marilyn Monroe nachempfunden.

1967

Norman Roston, dessen Frau Hedda mit Marilyn gut befreundet war, gibt ein Buch heraus: *Marilyn – An Untold Story.* Auf der Ausstellung »Homage to Marilyn Monroe« in New York zollen 38 weltberühmte Maler der vor fünf Jahren verstorbenen Künstlerin in Bildern Tribut (unter ihnen Warhol und Dali).

1968

Frank A. Capell verfechtet in seiner Schrift *The Strange Death of Marilyn Monroe* die These, sie sei vom amerikanischen Geheimdienst ermordet worden.

1969

Edward Wagenknecht ist Herausgeber des Buches *Marilyn Monroe: A Composite View.* Der neunzehnjährige John Kuhn-Mortenson behauptet, er sei der Sohn von Johnny Hyde und Marilyn Monroe. Fred Lawrence Guiles' beachtliche Biographie *Norma Jean: The Life of Marilyn Monroe* erscheint.

1971

Der mexikanische Regisseur José Bolanos verbreitet zum wiederholten Male die Nachricht, Marilyn habe die Absicht gehabt, ihn 1962 zu heiraten. In Darmstadt wird Gerlind Reinshagens Theaterstück *Leben und Tod der Marilyn Monroe* uraufgeführt. Drei Schauspielerinnen teilen sich die Hauptrolle. Marilyn wird zum ersten Mal im *Großen Brockhaus* erwähnt.

1972

Noch ein Buch mit der Mord-Theorie: *The Life and Curious Death of Marilyn Monroe* von ihrem »langjährigen Freund« Robert Slatzer. Der Autor will sogar für ein paar Tage mit Marilyn verheiratet gewesen sein. In Paris erscheint Ado Kyrous' kleine Monographie *Marilyn Monroe.* Der »Marilyn Monroe Fan Club« in Straßlach bei München wird gegründet. Im September veröffentlicht die Zeitschrift *MacCall's* Gedichte von Marilyn, die sie dem Schriftsteller Carl Sandburg anvertraut hatte. Im französischen Fernsehen spricht der Journalist Jean Marcilly von einem Verhältnis zwischen John F. Kennedy und Marilyn, aus dem sogar ein Kind hervorgegangen sei. Das deutsche Fernsehen strahlt am 12. November Wilhelm Bittorfs Sendung *Wer hat Marilyn Monroe umgebracht?* aus. Larry Schiller organisiert in Los Angeles eine Fotoausstellung mit 185 Monroe-Porträts von fünfzehn prominenten Fotografen.

1973

Von Juni bis August erscheint in dem Hamburger Magazin *Stern* die biographische Artikelserie *Marilyn* von Hans Nogly. Am 18. Juli veröffentlicht Norman Mailer eine Verlautbarung, in der er die These aufgreift, Marilyn könnte ermordet worden sein. Ihre Beziehung zu Robert Kennedy sowie alle Umstände ihres Todes seien nie restlos geklärt worden. Seine Aufforderung an die Justiz, den Fall noch einmal aufzurollen, bleibt jedoch ungehört. Über Marilyns Leben schreibt Mailer die Roman-Biographie *Marilyn: A Biographie* und stützt sich dabei hauptsächlich auf Maurice Zolotows Buch und die Guiles-Biographie. Die Journalisten sprechen von einer Liebesaffäre zwischen Marilyn und John F. Kennedy. In Deutschland kommt die Dokumentation *Marilyn Monroe – Die Frau des Jahrhunderts* von Joe Hembus heraus. George Carpozi jr. legt eine Neuausgabe seines dubiosen Werkes von 1961 *Marilyn Monroe – Her Own Story* vor.

1974

Für das amerikanische Fernsehen entsteht der Film *The Sex Symbol.* Alvah Bessies Roman *The Symbol* dient als Vorlage, und die Parallelen zu Marilyns Lebensgeschichte sind jetzt noch deutlicher. Connie Stevens spielt die Titelrolle. Ein neues Theaterstück: *Seltsame Engel oder Rosa Luxemburg meets Marilyn Monroe* von David Edgar. In Hollywood gibt die vierzehnjährige Schwarze Cora Wilson vor, eine Adoptivtochter Marilyns zu sein. In New York erscheint das Buch *My Story,* in dem angeblich Marilyn selbst ihre Lebensgeschichte (bis zu ihrem Auftritt in Korea) erzählt. Milton H. Greene, der das Manuskript von Marilyn bekommen haben will, steckt hinter dieser alles andere als authentischen Veröffentlichung, bei der es sich natürlich um Ben Hechts nie veröffentlichte »Biographie« von 1954 handelt.

1975

Jetzt kann auch Marilyns letzte Haushälterin, Eunice Murray, nicht länger schweigen: Sie bringt *Marilyn: The Last Months* zu Papier. *Goodbye, Norma Jean* ist der Titel eines Films, für den Larry Buchanan als Produzent, Drehbuchautor und Regisseur verantwortlich zeichnet. Dieses üble Machwerk schildert sehr frei vier Jahre aus Norma Jeans (!) Leben. Misty Rowe blamiert sich in der Titelrolle: der Tiefpunkt der Verlogenheit und des schlechten Geschmacks.

1976

Tony Sciacca ist der Autor von *Who Killed Marilyn? And Did the Kennedys Know?.* Ein Marilyn-Monroe-Ballett wird aufgeführt. Noch ein »Kind« Marilyns taucht auf: Janet Raymond. Der Papa, sagt sie, sei Marilyns langjähriger Bekannter Peter Lawford (der Schauspieler war ein Schwager der Kennedy-Brüder). Der Journalist W. J. Weatherby kramt in seinen Notizen und rekonstruiert seine *Conversations With Marilyn* (so der Titel seines Buches). In den dritten Programmen der ARD läuft Georg Alexanders Sendung *Marilyn – Erinnerungen an einen Star,* eine Zusammenstellung aus dem Fox-Film *Marilyn* und der von John Huston kommentierten US-Fernsehdokumentation *The Legend of Marilyn Monroe.*

1977

Der Däne Hans Jørgen Lembourn beschreibt in seinem Report *Vierzig Tage mit Marilyn* (1980 auch in deutscher Sprache erhältlich) sein ganz persönliches Liebesabenteuer mit Marilyn.

1978

In der Jugendbuchreihe eines deutschen Verlages erscheint Wolfgang Tumlers Chronologie *Marilyn Monroe.* Das Grab neben dem von Marilyn wird für umgerechnet 50000 DM verkauft.

1979

Im Mai wird die Nachricht verbreitet, auch der Leichenbeschauer Grandison und an-

dere Beamte seien inzwischen überzeugt, daß Marilyn ermordet worden sei. Lena Pepitone – auch sie will Marilyn einmal den Haushalt geführt haben – findet für ihren Klatsch *Marilyn Monroe intim* mühelos auch hierzulande einen Verlag. Auf dem Eis zieht Marika Kilius in Marilyn-Pose ihre Kreise. Bernardo Bertolucci verwendet in seinem Film *La Luna* Szenen aus *Niagara* – mit einer italienisch synchronisierten Marilyn!

1980

Im März inszeniert Maria Francesca Siciliani in Rom die Oper *Marilyn* von Lorenzo Ferrero. Im Oktober erscheint Ben Hechts Marilyn-Manuskript als *Meine Story* auch in deutscher Sprache.

DISCOGRAPHIE

GENTLEMEN PREFER BLONDES (zusammen mit Jane Russell) B-Seite eines »Doble Feature« mit »Till the Clouds Roll By«: MGM 2353 067 Select.

THE SEVEN YEAR ITCH: US Decca 8123/8312 Mercury 20154.

SOME LIKE IT HOT: United Artists UAL 4030/UAS 5030 (1959), US Ascot UM-13500/US-16500 (1964).

LET'S MAKE LOVE: Philips BBL 7414/SBBL 592 (1960), US Columbia CL-1527/CS-8327 (1960).

THE MISFITS: US United Artists UA-LA 273-G (nur A-Seite).

THE VOICE, SONGS, AND FILMS OF MARILYN MONROE: RCA PJL 1-8076 (enthält u. a. vier Songs aus »There's no Business Like Show Business«, zwei Songs aus »River of no Return« und Alfred Newmans »Street Scene« aus »How to Marry a Millionaire«).

THE STORY OF MARILYN MONROE: Oxford OX/3039 (enthält u. a. zwei Songs aus »Gentlemen Prefer Blondes«, drei Song aus »River of no Return«, zwei Songs aus »There's no Business Like Show Business« und zwei Songs aus »Let's Make Love«).

»Kino verstehen«, so haben wir einmal geschrieben, heißt auch, unsere Umwelt und unsere Rolle in ihr zu verstehen. Dies ist zugleich der Ansatz unseres systematischen Filmbuchprogrammes, das sich in folgende Reihen aufgliedert:

Grundlagen des populären Films
Die Buchreihe bietet erstmals eine geschlossene Theorie zum Unterhaltungsfilm an (die 10 Filmgenre-Bände jetzt als preiswerte Lizenzausgabe bei rororo).

Enzyklopädie des populären Films
Die zehn Bände dieses Lexikonwerkes dokumentieren alles Wissenswerte zu allen Filmgenres, die in den »Grundlagen des populären Films« definiert wurden. (Inhalt: Stichwortartikel zu Regisseuren, Darstellern, Autoren, Spezialisten sowie zu Themen und Begriffen mit ausführlichen Filmografien und vielen Filmfotos.)

Bildbände
Sorgfältig gestaltete Filmalben im Großformat, die insbesondere auf die Bildsprache eines Genre oder Regisseur-Werkes eingehen. Für alle, die das schöne Buch ebenso lieben wie das Kino.

Roloff & Seeßlen Filmstudien
Eine filmwissenschaftliche Buchreihe mit Dokumentationen und Praktiker-Handbüchern.

STARS
Der Film als zentraler Teil der populären Mythologie, aber auch andere Themen werden in diesem Kulturmagazin (Nürnberger Ztg.) vorgestellt. Probeheft (DM 4,80 in Briefmarken) anfordern.

Gern informieren wir Sie ausführlich über unser Programm. Bitte Katalog anfordern bei:
Roloff & Seeßlen, Buchenweg 1, 8919 Schondorf/Ammersee.

filmland presse

FILMLAND PRESSE, Inh. H.K. Denicke, Görresstraße 13, D-8000 München 40, Tel. 089/52 47 55.
PS-Konto Mchn 122 88-809 FILMLAND PRESSE

Wenn Sie sich wirklich für Film interessieren, Sie auch dann und wann ein Buch zum Thema wollen, gerne ein Plakat Ihres Lieblingsfilms hätten, Programme oder Filmpostkarten sammeln, Fachzeitschriften abonnieren wollen, wenn Sie sich selbst oder Bekannten ein schönes Geschenk machen wollen, dann werden Sie uns sicher bald in München besuchen kommen. Die Buchhandlung FILMLAND PRESSE ist unbestritten die größte und bestsortierte Filmfachbuchhandlung in Europa, ein Mekka für alle Filmfreunde.
Und wenn Sie nicht zu uns kommen können? Unsere zuverlässige Versandabteilung verschickt nach Amerika oder Japan, warum also nicht auch nach Hamburg oder ins Ruhrgebiet.
Sie können jedes Buch bestellen, von dessen Existenz Sie wissen. Oder geben Sie Ihr Interessengebiet an. Gegen Zusendung eines frankierten Rückumschlages (bitte C5 oder A4, bitte mit DM 1,00 freimachen) erhalten Sie einige Listen und Verlagsinformationen. Bitte schreiben Sie an:

FILMLAND-PRESSE, Inhaber H. K. Denicke,
Görresstraße 13, D-8000 München 40

Nachfolgend einige Titel aus unserem Angebot
(leider nur einige von über 9000)

Toeplitz: Geschichte des Films.
Band 3: 1934-1939. 464S., DM 89,00
Hervorragendes und ausführliches Grundlagenwerk zur Geschichte des Films. Die Bände 1 (1895-1928) und 2 (1928-1933) sind zum gleichen Preis lieferbar, Band 4 (1939-1945) erscheint in Kürze.

Zglinicki: Der Weg des Films.
Textband 677S., Bildband mit 890 Abb. DM 93,00
Reprint des Standardwerkes über die Entwicklung der Kinematographie bis zu den Anfängen des Tonfilms, unter besonderer Berücksichtigung deutscher Filmgeschichte. Seltene und erstklassige Abbildungen.

Filmjournal F. Seit Dezember 1979 monatlich mit der Geschichte des deutschen Tonfilms von H. Holba. Weiterhin Werkstattgespräche mit Filmemachern, Rezensionen und Dokumentation.
Pro Heft nur DM 5,00, alle alten Nummern noch über uns erhältlich.

Greta Garbo/Marlene Dietrich. 240S., fast nur Photos. Bei Vorausz.: DM 50,00
Hervorragend illustrierter Bildband aus Japan in Tiefdruckqualität. Die Filmtitel sind im Original in lat. Schrift. Viele Portaits!
Weitere **japanische Bildbände** wie der oben beschriebene können von uns bestellt werden. Die bestens illustrierte Reihe wurde inzwischen zu einem großen Erfolg. Jetzt über 80 verschiedene Titel lieferbar (u. a.: Monroe, Bogart, Deneuve, Heston, A. Hepburn, J. Fonda, Bardot, Delon, Connery, V. Leigh). Vollständige Liste gegen frankierten Umschlag.

Große Darsteller des deutschen Tonfilms.
10 echte Photos (WPK) DM 35,00
Monatlich erscheinen jetzt Serien von 10 echten Photos, Sie können diese im Abonnement direkt von uns beziehen. Obige Serie enthält u. a. Aufnahmen von Albers, Dietrich, Harvey, Fritsch und Leander.

Just: Filmjahr '79. 288S., 160 Photos. DM 36,00
Das künftig jährlich erscheinende Jahrbuch hat sich bei Kritik und Publikum binnen kürzester Zeit als wesentlichstes Handbuch des neuen Films durchgesetzt. Lückenlose Dokumentation mit vielen Registern. Bei Vorauszahlung auf obiges PS-Konto portofreie Zusendung.
Der Band FILMJAHR '80 erscheint etwa Mitte Februar 1981.

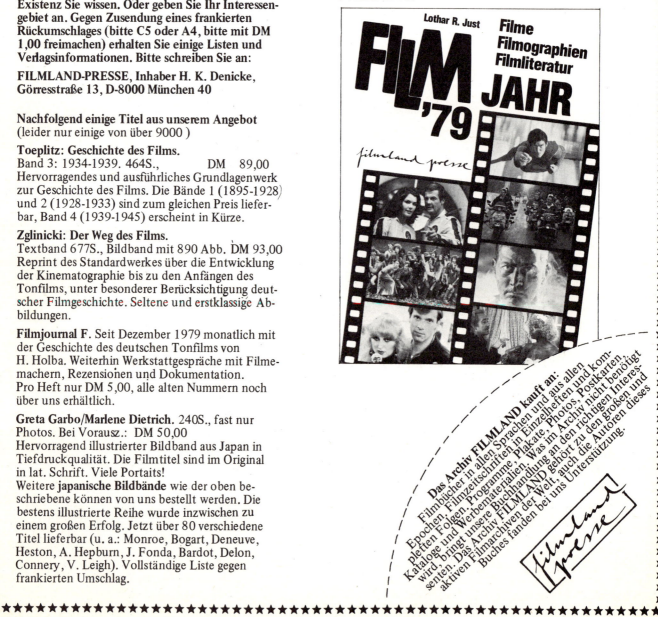